ゴミ屋敷からの脱却

勇気を持って一歩を踏み出そう

現代書林

はじめに

玄関を開けたら、ゴミの山が天井近くまで積み上がっている。
大量の食べ残しや飲み残しがそのまま。床はほとんど足の踏み場がない。
得体の知れない物が山積みで、扉がまともに開かない。
トイレは流れず、お風呂場も使えない。
……でも横たわってスマホをいじるスペースはある。まだなんとかなるだろう。

本書を手に取ってくださっている方は、おそらくご自身かご家族、あるいは身近な方の家が、いわゆる「ゴミ屋敷」になっているのでしょう。
その現状を見ぬふり気づかぬふりで過ごしてきたけれど、「必要な物が見つからなくて困っている」「最近、近所の人の視線が気になる」「大家さんから頻繁に着信が入っている」「このままではいられないかもしれない……」、親しい方なら「このまま本当にほうっておいていいのか」などと、憂鬱な日々を過ごしているのかもしれません。

私は2013年に便利屋業を起業し、さまざまな依頼に応じてきました。便利屋業のなかで最も依頼が多く、そして作業の終了後に最もお客様から喜ばれる仕事が「ゴミ屋敷の片づけ」でした。そこで2016年にゴミ屋敷専門の「ゴミ屋敷バスター七福神」を立ち上げたところ、2万軒以上のゴミ屋敷の清掃作業に取り組むことになりました。

「ゴミ屋敷」だけではなく、「モノ屋敷」も同じです。モノ屋敷とは、本や雑誌、衣類、趣味の収集品などが多すぎて、住居スペースがほぼない家のことです。

私が本書を通じて伝えたいことは、次の3つです。

1．誰もがゴミ屋敷の住人になる可能性がある
2．ゴミ屋敷からの脱却に必要なのは「ホットライン（直通相談窓口）」である
3．ゴミ屋敷からの脱却は絶対に可能である

あなた自身が当事者だとして、ゴミ屋敷の住人になってしまったことを恥ずかしく思う必要はありません。なぜなら現代日本に住んでいる以上、誰もが同じようになる可能性があるからです。

実のところ、何かを「捨てる」という行為は、簡単なようで簡単ではありません。「いるもの・いらないもの」を選別し、可燃ゴミ・不燃ゴミを分別し、決められた時に決められた場所に出さなければいけないし、大型のゴミはシールを買って役所に連絡するなど、ゴミの処理は複雑で根気のいる作業だからです。それを毎日コツコツやるのは、容易なことではありません。

ですから、「まさか、あの几帳面な母が！」「あの真面目な子が？」と思われるような人の家でも、ゴミ屋敷になる可能性はあります。それどころかゴミ屋敷の住人の多くは、周囲から「普通」と思われている人です。決してあなただけではありません。

そして、ゴミ屋敷から脱却することは、絶対にできます。

ただし、あなたが本気でゴミ屋敷から脱却したい（脱却させたい）と思っているなら、一人で抱え込まず、誰かに相談するべきです。さまざまなゴミ屋敷やモノ屋敷を見てきた私の経験から言えるのは、「自分一人の力でゴミ屋敷から脱却しようとするのはほぼ不可能」だということです。

友人や家族に相談するのはちょっと……、とためらうなら、私たちのようなプロがいます。お住まいの自治体にもさまざまなサポートがあるはずです。「誰かと」

でなければ、ゴミ屋敷からの脱却は困難を極めるでしょう。逆に言えば、協力者がいれば、脱却は絶対にできるのです。

本書の1章では、我が社がこれまでに受けた片づけとクリーニングの事例を紹介します。「どんな時にゴミ屋敷の住人は、プロにSOSを発するのか」を紹介し、「どんな規模のゴミなら、いくらぐらいかかるのか」もご提示します。

2章では、ゴミ屋敷が増え続ける社会的な背景についてお話しします。ゴミ屋敷になってしまうのは、決して「性格」だけの問題ではなく、現代日本の社会問題だということをわかっていただけると思います。

3章では、ゴミ屋敷に住んではいけない理由をお伝えします。

4章では、プロの片づけ術とクリーニング術をご紹介します。

5章では、ゴミ屋敷から脱却した人に、リバウンドしないコツをご紹介します。

本書でゴミ屋敷からの脱却に向けて背中を押すお手伝いができれば幸いです。

ゴミ屋敷バスター七福神　代表　新家 喜夫

3章 ゴミ屋敷に住んではいけない理由

4章 「捨てて」「片づける」のはプロにお任せ!

5章 ゴミ屋敷にリバウンドしないコツ

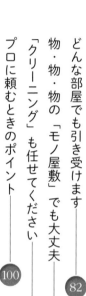

1章

実録！ 私たちは「ゴミ屋敷」の住人だった

ゴミ屋敷に住んでいる方の多くは、「ゴミ屋敷」を問題視していません。
ゴミの山を「風景」か「壁」のように捉え、
「汚い」「やばい」「なんとかしないと」と思わずに生活しています。
そんな危機感のない方が「至急お願いしたい」
「明日中になんとかしてほしい」
とSOSを発信してくることがあります。
そんな事例を、かかった人員や費用とともに紹介します。

case 01

ゴミ屋敷　大阪府・Nさん（30代男性・一人暮らし）

想定外の「引っ越し」を迫られ緊急SOS

ゴミ屋敷の住人が突然、危機感を抱いてプロにSOSを発信するキッカケの一つが、「想定外の引っ越し」です。「急な転勤が決まり、引っ越しに伴う片づけをお願いしたい」と依頼があったNさんも、そのケースでした。

平屋の一軒家で、家具、家電、燃えるゴミなどが山積みになっていました。Nさんは数年間この一軒家に一人で暮らしていて、「最初は普通の状態だった」のに、「仕事が忙しく、片づける時間がとれなかった」のだそうです。

依頼を受けた我が社が多種多様な物を大量に片づけることになったわけですが、特に大変だったのが大量の古いビデオテープでした。

ビデオテープの処分方法は、自治体によって異なるため、自治体に確認し、指定された方法でお客様と処分しました（片づけた後の様子は73ページに掲載しています）。

ゴミの量	2t 2t 2トントラック2台分
スタッフ	5人
作業時間	4h 4時間
費用	60万円

ゴミ屋敷　東京都・Oさん（40代女性・実家の片づけ）

「空き家」だった亡き親の家でSOS

「ゴミ屋敷になった空き家を一軒丸ごと片づけてほしい」と依頼されました。Oさんのお母様が一人で暮らしていた家で、亡くなった後「バタバタしているうちに何年もたってしまった」のだそうです。

何年間も空き家になっていると、湿気や害虫による老朽化が驚くほど速く進みます。生前使っていた家財もどんどん劣化し、使い物になりません。Oさんのお母様の家も、生活ゴミや壊れた家電などが山積みでした。老朽化すると荷物の運び出しでも床に穴があくため、作業は慎重に進めました。

ご両親が亡くなった後の実家の片づけを依頼されることは多いのですが、そのとき最も大変なのは「物の片づけ」ではなく「(依頼者の) 心の片づけ」です。要不要に関わらず、親御さんの物を粗末には扱えません。私たちは遺品整理や遺品査定にも対応しているので、すべての物について「いる・いらない」を依頼者に確認しながら作業します。

ゴミの量	2t　2トントラック1台分
スタッフ	4人
作業時間	3h　3時間
費用	33万円

ゴミ屋敷　三重県・Tさん（20代男性・一人暮らし）

case 03

典型的な一人暮らしのゴミ屋敷からSOS

Tさんの家はマンションの3階、コンパクトタイプの1DKですが、部屋の半分はペットボトルや缶などの燃えないゴミで、残りの半分は食事をした後のゴミを入れたレジ袋で占領されていました。

そうなった原因は「仕事が忙しかった」から。日中のほとんどを会社で過ごし、会社や、恋人・友人の家に泊まることも多くなっていました。自宅でくつろぐための「時間」も「空間」も不要になった結果、「典型的なゴミ屋敷」になってしまったのです。

私たちは大量のペットボトルをすべて買い取り、リサイクル業者に回しました。食事のゴミは分別し、市町村指定のゴミ袋に入れ替えて、市町村のルールに則《のっと》って廃棄できるようにします。

残念ながら、ゴミを片づけた後の床にはシミのような汚れが残りました。ゴミが長く蓄積されていると、床にゴキブリの糞や飲み物のこぼれジミなどが付着したままになり、プロでも完全に取り除けないことがあります。

ゴミの量	2t 2t	2トントラック2台分
スタッフ		6人
作業時間	4h	4時間
費用	22万円	

ゴミ屋敷　神奈川県・Hさん（30代女性・一人暮らし）

case 04

「ペットのブリーダー」宅からのSOS

Hさんはペットのブリーダーですが、気がつくと自宅マンションが「ゴミ屋敷」になってしまったため、別の所に引っ越して、ゴミ屋敷のほうは5～6年放置していました。

ゴミ屋敷は2Kタイプで、そこにある物のほとんどがペット用品でした。ケージ、トイレ用の砂、餌、トイレシートなど、自治体によって処分方法が異なる難しい物ばかりで、一人で処分するのは難しかったのでしょう。私たちは5人がかりで片づけました（99ページ）。

ちなみにHさん宅からはペットの亡骸は出てきませんでしたが、出てくるケースもあります。その場合は、基本的にお客様から自治体や動物愛護団体に処分方法を電話で確認していただくようにお願いしています。私たち清掃業者が代行できないことも多いのですが、アドバイスやサポートはできるので、ペットの亡骸で悩まれている方は、誰かに相談してほしいといつも思います。

ゴミの量	2t 2t 2t　2トントラック 3台分
スタッフ	5人
作業時間	10h　10時間
費用	66万円

case 05

不要品の整理　京都府・Yさん（50代・父親が一人暮らししていた実家）

「バスルーム」がゴミ箱化してSOS

都心に住むYさんは、遠方で一人暮らしをしていたお父様を亡くしたばかりでした。空き家になった実家を売却するために里帰りしたYさんが目にしたのは、ペットボトルなどのゴミに占領され、とてもお風呂として機能していたとは思えないバスルームでした。

Yさんのお母様は病気で十数年前に亡くなっています。夫人に先立たれたYさんのお父様が一人暮らしになってから、家の中は荒れ始めたとYさんは言います。

缶やペットボトルなどのリサイクルゴミは、ほとんどの自治体で回収日や曜日が決まっていて、決まりどおりに出さなければいけません。けれどもお父様は、専業主婦だった奥様にすべて任せていたのでしょう。回収日が「いつ」で「どこに」捨てればいいのかをわかっていなかったのかもしれません。それらがバスタブにストックされて、バスルームがゴミ箱と化していたのです。

私たちは浴室だけでなく、洗面台、洗面台下、洗濯機スペースも片づけ、清掃しました。

ゴミの量	2t 2t 2t 2t　2トントラック 4台分
スタッフ	6人
作業時間	5h　5時間　費用 71万5000円

不要品の整理　東京都・Aさん（40代女性・家族4人暮らし）

case 06

不要品の山になった「駐車場」からSOS

家族で暮らしていても、家の中や外の一部がゴミ屋敷状態になるケースはあります。Aさんからの依頼は、一軒家の駐車スペースのみ。そのスペースのほとんどが、ダンボール箱で占領されていました。

駐車場やガレージ、ベランダなどは、自宅の敷地内とはいえ生活スペースではないこともあって、ゴミがどれだけ溜まっても片づけが後回しになりがちです。Aさんのお宅も、家族の誰もがどうすることもできず、プロに依頼してきたのでした。

ダンボール箱の山に埋もれていた自転車は、鍵を紛失していたため、使えないまま放置されていたようです。ダンボールの山からは、鍵だけでなく、もう1台の十分に使える自転車も出てきました。

片づいただけでなく、2台の立派な自転車が復活してAさん一家は大喜び。「家族だけではどうにもならなかった」「もっと早く頼めばよかった」とのお言葉を頂戴しました。

ゴミの量　1t　1トントラック1台分

スタッフ　2人

作業時間　2h　2時間　費用　7万9800円

amazon
水分&ミネラル補給!
2L ×6本

遺品整理　千葉県・Nさん（60代の父親が一人暮らししていた実家）

case 07

急いで済ませたい「遺品整理」でSOS

「父が一人で住んでいた賃貸アパートの遺品整理を」という依頼がありました。お父様とずっと疎遠になっていたNさんは家の中の様子を知らず、部屋を明け渡す段階になって初めて知ったそうです。

アパートの2階、1DKのコンパクトタイプでしたが、燃えるゴミ、家電や家具など、とにかく多くの物が山積みでした。片づけた後の壁や畳はカビだらけでしたが、幸い亡くなってすぐの連絡だったので、空き家特有の老朽化は進んでいませんでした。

お父様の持ち物について、Nさんからは「思い出の物などは特になく、すべていらない」と依頼されたため、我が社で黙々と作業を進めました。

遺品整理では「思い出がある」「価値があるのでは」と処分に悩み、時間がかかることも多い一方で、「実家にまったく帰っていなかった」「疎遠になっていて、こんなこととは知らなかった」「全部いらないので、確認は不要」という依頼者も増えています。

ゴミの量	2t 2t 2トントラック2台分
スタッフ	5人
作業時間	4h 4時間　費用 55万円

遺品整理　埼玉県・Sさん（60代・母親が一人暮らししていた実家）

大きな「モノ屋敷」の遺品整理でSOS

ご実家のお母様と離れて暮らしていたSさんから、遺品整理を依頼されました。大きな一軒家で、家具、衣類、雑貨、書類など、大量の物がありました。ゴミ屋敷ではなくモノ屋敷です。Sさんの指示のもと「いる・いらない」を分別する作業もあり、スタッフを大勢動員しても1日では終わりませんでした。

物が多いだけで、作業や運び出しは大変ではありません。しかし「お母様が直前まで大切にされていたのでは？」と感じられる物も多く、思い出の物や、捨てるかどうか悩む品はSさんが持ち帰りました。人形などは供養を依頼されたので、持ち帰った後に提携する寺院でお焚き上げをしていただきました。

お子さんは親御さんが亡くなっても、悲しむ間もなく葬儀の手配に追われ、期限つきの相続問題を処理する必要に迫られます。財産分与や持ち家の売却など、考えることもすることも非常に多くなります。片づけだけでも誰かに頼むことで、負担が軽減します。

ゴミの量　2t 2t 2t 2t　2トントラック 4台とハイエース 2台分

スタッフ　10人

作業時間　2 days 2日間　費用　85万円

ハウスクリーニング

大阪府・Aさん（30代女性・一人暮らし）

case 09

浴室と洗面所の「クリーニング」でSOS

片づけではなく、ハウスクリーニングでSOSを受けた事例です。左の写真の浴槽はかなり黒く汚れていますが、その正体はすべて黒カビでした。

水回りは換気をしないとすぐにカビが生えます。シャンプーやボディソープの石鹸かすも、放置しておくと厄介なことになります。Aさんは「仕事で出張が多く、家を空けることが多かったので、気がついたらこうなっていた」とのこと。ただ「忙しくて」「少しだけ後回し」にしただけですが、いつのまにか大変な事態になっていたというわけです。

私たちはまず、排水口のゴミをすべて取り除きました。表面の汚れを軽く磨き落とし、塩素系洗剤を黒カビにかけて、時間をおきます。するとカビは分解されて、水で流すと綺麗に取り除くことができます。その後は用途に合わせたスポンジを使ってこすり、ブラシで磨き上げれば完了です。まるでリフォームしたように綺麗になりました（99ページ）。

作業内容　浴室と洗面所の清掃

スタッフ　2人

作業時間　3h　3時間　費用　11万円

ハウスクリーニング

東京都・Iさん（30代女性・一人暮らし）

case 10

ユニットバスの「クリーニング」でSOS

アパートの1階で1Kタイプに住むIさんからの依頼は、「ユニットバスの水回りのクリーニング」でした。

Iさんのトイレは、かなり汚れが蓄積していました。私たちは便器の中の水が溜まっている部分（「封水《ふうすい》」と呼びます）の水をすべて抜き、便器の中を紙ヤスリでこするなどしながら徹底的にクリーニングしました。かなり綺麗になったものの、残念ながら着色が進みすぎてプロでも落とし切ることはできませんでした。

トイレは家の中でも、特に汚れやすい場所の一つです。便器の中や便座の裏側は、汚れる前にブラシでこすったり毎回拭き取ったりする必要があるのに、多くの方がサボりがちです。

けれどもトイレの汚れは放置するほど落ちにくくなり、プロがどんなに頑張っても便器の奥の着色は取り切れないことがあります。それでもIさんは「こんなに綺麗になるなら、もっと早くお願いすればよかった」と非常に喜んでくれました。

作業内容　ユニットバスの清掃

スタッフ　1人

作業時間　1h　1時間　費用　5万円

トイレの洗剤

ゴミ屋敷の種類とSOSのタイプ

さまざまな事例をご紹介してきましたが、皆さんが抱えているお悩みと似たケースはあったでしょうか？

私たちは「清掃業」と一括りにされますが、扱う作業にはさまざまな種類があります。私たちがSOSを受け取る案件を大まかに分類すると、次の2つになります。

●「ゴミ屋敷」「モノ屋敷」「汚《お》部屋」の**清掃**
●「遺品整理」「不要品の整理」などの**片づけ**

実際には、この5つの複数が混ざった依頼もあれば、「遺品整理だけ」などと限定的に依頼されるケースもあります。

それぞれに明確な定義はありませんが、私たちは次のように分類しています。

【清掃】

ゴミ屋敷

「生ゴミ」「燃えるゴミ」「不燃物」「不要品」などの種類を問わず、明らかに捨てていいはずの物が大量に部屋の中にあり、動けるスペースがほぼない住居。玄関を開けるとすぐに見えるゴミは、膝丈レベルから、天井までわずか数十センチしか隙間がないというレベルまであります。

モノ屋敷

本や雑誌、衣類、趣味の収集品など、本人にとっては「ゴミではない」大量の物が住居を侵食し、動けるスペースがほぼない住居。かろうじて布団が1枚敷ける程度で、あとはすべて物が埋め尽くしています。

それが原因で、トイレやお風呂、キッチンが使えなくなっています。間取りがほとんどわからなくなってしまっているケースもあります。

何かのコレクターの家が、モノ屋敷に陥ることもあります。

汚部屋

キッチンなどの水回りや、使っていない部屋などを中心に、掃除を怠ってしまったことや、ゴミ・モノを放置してしまったことで、汚れが蓄積したり虫が発生したりして、まともに使うことができない状態の住居や部屋です。

認知症などの精神疾患が原因で、食品を大量に腐敗させているケースもあります。

水回りはこまめに掃除しないとすぐに汚れ、掃除をしないことで水回りが完全に機能しないケースもあります。

ペットの多頭飼いが原因になることもあり、その場合にはペットの亡骸などがあるのも珍しくありません。

【片づけ】

遺品整理

離れて暮らしていた家族が亡くなった家が、もともとゴミ屋敷やモノ屋敷で、遺族にはとても手に負えないケースがあります。

ゴミ屋敷でもモノ屋敷でもなくても、遺族に突如として「片づけの必要」が降りかかり、対応できずに途方に暮れているケースもあります。

誰も住んでいない状態が長いと、放置された空き家は老朽化し、内部の腐敗が進んでいるケースが少なくありません。

不要品の整理

大型家具や家電、粗大ゴミなど、なかなか処分できなかったものが大量にあるケース。なかには「物置丸ごと」「自宅一軒丸ごと」という依頼もあります。

特殊清掃

事件、事故、自殺、孤立死などで遺体の発見が遅れ、遺体の腐敗や腐乱によってダメージを受けた住居は「事故物件」と呼ばれます。そのような事故物件の原状回復などが「特殊清掃」です。ゴミ屋敷やモノ屋敷になったことが原因で事故死や孤独死が生じ、特殊清掃になるケースもあります。

ゴミ屋敷から脱却したきっかけは外圧!?

SOS発信は「緊急事態」発生で「仕方なく」がほとんど!

「ゴミ屋敷」「モノ屋敷」「汚部屋」のいずれも、とても一人では解決できない状態です。この3種がミックスされている場合は特にそうです。

ところが、ゴミ屋敷(モノ屋敷、汚部屋を含みます)で暮らしていても、かなり長い時間なんとかやり過ごすことはできます。ほとんどの人は、その状態を誰かに相談しようと思うこともなければ、片づけ業者に依頼しようとも思わずに生活し続けています。あるいは「なんとかしないといけない」と思ったものの、あまりにもひどいために恥ずかしくて誰かに相談する勇気がなく、結局はそのままという人もいます。

そんなゴミ屋敷に、さらに少しずつゴミ・モノ・汚れが蓄積し続け、ある日突然「緊急事態」が生じ、どうしようもなくなって私たちプロにSOSが入るのです。

では、「緊急事態」とは具体的にどんなことでしょうか。我が社では「依頼した理由」についてアンケートを取っていますので、その上位3つをご紹介します。

1位　どうしても他人を入れる必要が生じた

「エアコンが壊れ、新しいのを入れたいが、人が通れるスペースがない」

「エアコンのリモコンが見つからず、熱中症になり、救急車を呼びたかったが、部屋が汚すぎて呼べず、死にかけた」

「設備点検で、大家さんや業者さんが急に入ることになってしまった」

「排水口が完全に詰まって修理を依頼したいが、人がとても歩けない」

などなど、これまで誰にも知られず、誰にも迷惑をかけずに暮らしていたゴミ屋敷やモノ屋敷に、ある日突然、他人を入れる必要に迫られる事情が生じます。

エアコンの不調は命に関わります。エアコンを買い替えるくらいなら引っ越そうと考える人もいますが、引っ越すにもまずは片づけなければ引っ越し業者が受けてくれません。

2位　隣近所や家主からのクレームやトラブル

漏水（特に下の階への水漏れ）や、近隣にまで広がった異臭、隣りの家にまで入ってきた大量のネズミ・ゴキブリ・ハエ……。こういう原因で隣近所や家主からクレームが入り、大家さんや業者が立ち入ることになったなど、どうしても片づける必要に迫られてしまったケースもよくあります。

ただし、こうなってしまうと片づけだけでは済まず、片づけた後に引っ越さざるを得なかったり、賠償金を請求されたりすることもあります。

3位 急な引っ越し

我が社に助けを求めるお客様は、ごく普通に会社員として働いている方が多く、ごく普通に転勤があり、急な引っ越しに迫られる方が少なくありません。

突然の転勤辞令や転職などが理由で引っ越しを迫られたとき、ゴミ屋敷やモノ屋敷に住んでいると、まずその片づけをどうするかが最大の課題になります。

「引っ越しまでに時間がない」「ゴミの処分方法がわからない」「粗大ゴミの回収日が遅い」「簡易清掃をしないと退去できない」などの状況に対応してくれるのは、引っ越し業者ではなく清掃業者です。

来週ですね!!
引っ越し
お願いしたいんですけど……
引越

つまり、自主的に立ち上がる人はほとんどいない

ゴミ屋敷もモノ屋敷もほとんど居住スペースがなく、ゴミやモノで空間が埋め尽くされています。文字どおり「人型のスペースだけがある」か「人が一人ギリギリ寝転んだり飲食したりするスペース＋テレビを置くスペース」が確保されている程度です。それなのに居住者が気にしないのは、おそらく自分の周囲にあるゴミやモノが「風景」か「壁」になっているからでしょう。

ゴミ屋敷は急にできるものではなく、徐々に作られていくものです。ゴミも徐々に増えていくため、ゴミがあることに慣れてしまい、息苦しさや圧迫感などを感じず、それが「異常」だとか「なんとかしなければ」などと考えることなく生活しています。

私たちが受けた案件の7〜8割は、「仕方なく」「必要に迫られて」依頼された方です。「外的な要因」が生じなければ腰を上げず、緊急事態が生じて初めて「どうしよう」と困惑し、「ネット検索」などをした結果、私たちプロにSOSを発信してこられたのです。

ホットラインとして「プロを活用」してほしい

私たちは、そういう方々のために「ホットライン」として存在する必要があると感じ

ています。
ホットラインとは「緊急事案や話しにくいことを相談できる直通電話サポート」のこと。日本には、国が主導するものからボランティアで運営されるものまで、多種多様なホットラインがあります。「心の病気」「働く人の悩み」「DV」「いじめ」「がんなどの病気」「トラウマ」「LGBTQ」「ひきこもり」「児童虐待」「依存症」「性暴力」などはご存じかもしれません。

ゴミ屋敷（モノ屋敷・汚部屋も）の問題はこれからも増えるでしょう。そしてゴミ屋敷の問題は、「心の病気」などと同じような社会問題です。「なんとかなる」「これくらい大したことない」と軽んじていると、問題が深刻化していきます。深刻化したときには、もはや「誰にも相談できない」状態になっています。だからこそ「ゴミ屋敷」のホットラインとして、私たちのサービスが必要だと確信しているのです。

2章

ゴミ屋敷が増えた社会背景

我が社はまだ創業7年ですが、
依頼件数は右肩上がりで伸びています。
会社としてはありがたいのですが、
これはゴミ屋敷問題が深刻化していることの表れでもあります。
増え続けるSOSが、これから減ることはないでしょう。
なぜならば、今の日本社会が、
いつ誰がゴミ屋敷に住んでもおかしくない状況や
環境を作り出しているからです。

老若男女、お金のあるなし、健康か病気かも関係なく、ゴミ屋敷に暮らす人は増えています。

日本でゴミ屋敷が増えてきた背景には、現代社会が抱えるさまざまな要因があります。皮肉なことに、「ゴミ問題への社会的な取り組みが、逆にゴミ屋敷を増やしている」という側面もあります。ゴミ屋敷が増えてきた背景を、一つ一つ見ていきましょう。

ゴミ屋敷が増えた背景

社会の「高齢化」

実のところ「高齢化が進むほどゴミ屋敷は増えていく」という側面があります。

高齢者がゴミ屋敷に陥りやすい原因は次の3つです。

高齢者がゴミ屋敷に陥る原因 ① 心身の衰え

まずは、**肉体の衰え**です。高齢になると、思うように体が動かせなくなります。手が届く範囲しか動かなくなり、掃除や洗濯という家事さえだんだん困難になります。ちょっとしたケガや風邪が原因で、「坂道を転げ落ちるように」衰えてしまうこともよくあります。

ゴミを分別して出すという作業は、高齢者にとっては重労働です。重いゴミは持てなくなりますが、ゴミは溜めるほど重くなるという皮肉な現象に向き合うことになります。

高齢になると、**心理的にも衰え**ます。「こういう空間に住みたい」「美味しいものを食べたい」という意欲が稀薄になります。健康面や金銭面で不安があれば、「いい暮らしをしたい」とか「他人からどう思われているのか」といったことにも関心が向かなくなります。

我が社は、お子さんから実家の片づけを依頼されるケースも多いのですが、「まさか親がこんな暮らしをしていたとは」「うちの親がこうなると思わなかった」という声をよく聞きます。

認知機能の低下も、ゴミ屋敷のリスクを高めます。認知症になれば曜日感覚が狂い、ゴミ出しも忘れがちになります。

もちろん年老いても元気な方はいらっしゃいますが、高齢化社会というのは心身の衰えた高齢者が多い社会。掃除やゴミ出しが困難で、ゴミ屋敷に陥るリスクの高い人が多い社会です。

高齢者がゴミ屋敷に陥る原因 ② もったいなくて捨てられない

現在75歳よりも上の後期高齢者の多くは、戦中・戦争直後に幼少期を過ごしています。当時の日本には、物がありませんでした。

高度経済成長期になると大量生産・大量消費があたりまえになって物が溢れましたが、幼少期の影響もあって「捨てるのはもったいない」「使えるのに捨てるのはよくない」「まだ使える」と、物を捨てることに罪悪感を抱いています。

そのために、高齢者ほど物を捨てるのが苦手で、溜め込みやすい傾向があります。

高齢者がゴミ屋敷に陥る原因 ③ 孤立

高齢者に限りませんが、孤立するとゴミ屋敷化しやすいと考えられています。

定年退職して付き合いが少なくなったとか、耳が遠くなったことで会話や付き合いが億劫になったなどが原因で、高齢になると他者との繋がりが稀薄になる方が少なくありません。これが「孤立」です。

他者との繋がりがあれば、掃除やゴミ出しを頼める相手もいるでしょうが、「他人様《よそ》に迷惑をかけたくない」「家族には頼りたくない」などと頑《かたく》なな高齢者ほど孤立し、立ち行かなくなるのです。

ゴミ屋敷が増えた背景

忙しい「ストレス社会」

ストレス社会と言われて久しいのですが、ストレスのはけ口で「買い物依存症」になる人がいます。あるいはストレスのせいで、生活に必要な意欲や能力を失ってしまい、自分自身の健全で安全な生活ができなくなる、いわゆる「セルフネグレクト（自己放任・自己放棄）」になる人もいます。買い物依存症やセルフネグレクトは、どちらかといえば若い人に多く見られる現象です。

買い物依存症になると「ほしい物をすぐに買ってしまうけれど、開封しない」「同じ物を何度も買ってしまう」「必要でない物まで買ってしまう」ということが起こり、モノ屋敷に直結します。ストレスが多い一方で「買う」のが簡単な時代だけに、誰でも買い物依存症になる可能性があります。

セルフネグレクトになってしまった人は、普通の生活を維持できないほど生活環境や栄養状態が悪化しているのに、それを改善しようという気力がなく、周囲に助けを求めません。片づける気力もないので、どんどんゴミ屋敷になっていきます。

セルフネグレクトになるきっかけはさまざまですが、家族の死、病気、離婚、リストラなどのショックな出来事や、認知症や脳梗塞の後遺症など病気が原因になる場合もあります。長時間労働のストレスによるうつ病やパニック障害、統合失調症などの精神疾患、一人暮らしの寂しさ、貧困、あるいはアルコールやギャンブル、インターネットへの依存症などが原因になることもあります。

ゴミ屋敷が増えた背景

「使い捨て容器」や「使い捨て文化」

私が子どもだった頃の日本は、まだ「リサイクル社会」でした。それが高度経済成長期をへて、大きく様変わりしました。大量生産によって物が溢れただけでなく、**大量消費によってゴミも一気に増えた**のです。

私が子どもの頃、豆腐を買いたい人は家からボウルや鍋を持ってお豆腐屋さんに行き、そこに水と一緒に豆腐を入れてもらっていました。その豆腐が、今はスーパーでプラスチック容器に入って売られています。食べるたびにプラゴミが出るようになりました。牛乳は牛乳瓶に入って家に届けられ、空になった瓶は配達員が回収していました。その牛乳が、今は牛乳パックに入って売られています。牛乳を飲むたびにゴミが出るようになったわけです。

1980年代から、瓶などに代わって「ペットボトル」が多くの飲み物の容器に使われるようになりました。コンビニがプラスチック容器に入ったお弁当を販売するようになったのも、その頃です。買い物をして**食べたり飲んだりするだけで、ゴミが溢れ出てくる**のが現代社会です。

特にコロナ禍の時期に食べ物のテイクアウトやデリバリーサービスが爆発的に増えましたが、昔の「出前」のように容器を回収してくれることはありません。食べた後にゴミが出て、それを処理するには以前よりずっと手間がかかるのです。

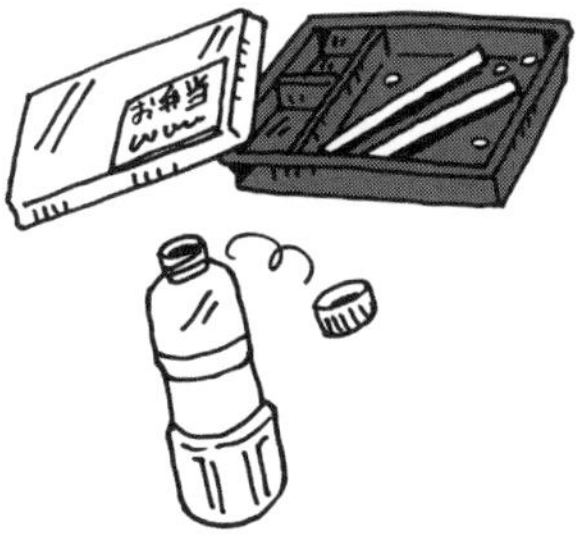

インターネットの普及

インターネットが普及し、誰もがスマホを持つ時代になり、私たちの生活は大きく変わりました。

ネット通販があたりまえになり、**買うのが簡単**になったことも大きな変化です。「本当に必要なのか?」「今必要なのか?」「代用できる物はないのか?」と考える前に、指でポチッと押すだけでなんでも買えてしまうのです。

さらにSNS（ソーシャルネットワーキングサービス）の普及です。ライン、フェイスブック、インスタグラムなどがそれです。世界中の人やメディアと繋がれるようになり、どこにいても気軽にオンラインでコミュニケーションがとれるようになった反面、逆に「電話は苦手」「直接会うのは無理」という人が少なくありません。困ったことが起こっても「とりあえずググって」解決策を見つけて終了。**家族や社会から孤立**して自分の殻に引きこもり、それがセルフネグレクトに陥るきっかけにもなります。

ネット上の会話では、リアルなコミュニケーションになりません。チャット相手がゴミ屋敷の住人だなんて、おそらく誰も気づいてくれないでしょう。

ネット動画やゲーム、音楽配信などのオンラインサービスも充実しています。畳一畳以下のスペースでも、**スマホさえあればそれなりに楽しい生活**ができます。家に入ってくるリアルな人間はいないので、片づけや暮らしには関心が薄くなります。「スマホ依存の便利社会」は、ゴミ屋敷が増える大きな原因となっているのです。

ゴミ屋敷が増えた背景

単身世帯やテレワークの増加

単身世帯が増え続けています。一人暮らしは気楽で自由な反面、**対人関係への苦手意識**を持つ人が増えています。

特にコロナ禍で在宅勤務が増えた人は、ますます人と関わることに苦手意識やストレスを感じるようになり、その結果「困ったときに相談できない」状況が助長され、孤立が深まっています。

社会とうまく繋がれなくなると、セルフネグレクトに陥ったり、〝物〟から得られる幸福感に依存したりする人もいます。「高齢者の孤立」がゴミ屋敷増加の一因であることは述べましたが、高齢者に限らず、ゴミ屋敷を生む「孤立」が増えているのです。

ちゃんと社会と繋がっていたとしても、単身者やテレワークの方のなかには、**毎日のようにコンビニなどでお弁当と飲み物を買う**ことが習慣になっている人もいます。その結果、どんどんプラスチックゴミが溜まっていくのです。

ゴミ屋敷が増えた背景

格差社会が生んだ「貧困」

政府が規制緩和政策をとり、非正規雇用が増えた日本は格差社会となり、貧困が深刻な問題になっています。厚生労働省の調査によれば日本人の6人に1人、約2000万人が貧困ライン以下で生活しています。特に、高齢世帯、単身者・一人親世帯に貧困者が多いとされます。

十分な収入がなければ、生活の質が下がります。精神的にも肉体的にも追い詰められると「とりあえず取っておこう」と、**ゴミや不要品を溜め込みがち**になります。収入が途切れると、健康的な生活をすることが難しくなります。これもセルフネグレクトやゴミ屋敷の大きな原因です。

貧困の只中《ただなか》にいる方は、私たちのような会社を調べて依頼する余裕もないでしょう。つまり、私たちのようなプロが知らないところでも、ゴミ屋敷は増えているはずです。

ゴミ屋敷が増えた背景

ゴミ問題への取り組みが逆に⁉

地域によって異なる複雑なゴミ出しルール

環境に対する取り組みが世界的に進み、その結果「ゴミの分別」も進みました。現在、ゴミは主に次の4種類に分別されます。

- **燃えるゴミ**（紙ゴミ、生ゴミ、衣類、紙おむつ、食用油など）
- **燃えないゴミ**（プラスチック、ガラス、陶器、電球、フライパン、ライターなど）
- **資源ゴミ**（瓶、缶、ペットボトル、雑誌、新聞、ダンボールなど）
- **粗大ゴミ**（家具、家電、自転車など）

ところが、日本のゴミ出しルールは自治体ごとに異なるので、引っ越すたびにその自治体のルールを知って、従う必要があります。

例えば、指定のゴミ袋を使わなければならない地域があります（しかも、そのゴミ袋を購入しなければならない地域も）。一回に出していいゴミの量を「45リットルの袋で3袋」などと指導している自治体もあります。

プラスチック・ビニール・トレイ・瓶・缶・ペットボトル・可燃・不燃・ダンボール・牛乳パックなど10種類くらいに分類して出すことを課している自治体もあります。

同じ地域内で、ゴミ出しのルールが違うこともあります。

こんなこともあります。プラスチックは、東京都渋谷区では「資源ゴミ」に分類されますが、千葉県松戸市では30センチ以上50センチ未満の物は「不燃ゴミ」、50センチ以上の物は「粗大ゴミ」に、さらにプラマークが付いているプラスチックは「リサイクルするプラスチック」に、文具や玩具、日用品のプラスチックは「その他のプラスチック」に分類するように求められています。松戸の自宅から渋谷の会社に勤務している人は、この2つの地域のゴミの分類を頭に入れて「ゴミ捨て」しなければならないわけです。

本当に**「捨てる」ことは簡単ではありません。**

ゴミの分別ができても捨てられない!?

ゴミの分別はできているのに、それを「捨てる」ことができずにゴミ屋敷になった方もいます。ペットボトルの中身は空でラベルは剝がされ、缶も瓶も綺麗に洗われている。それらが分別された状態で、大量に部屋に置かれているのです。

「あとは出すだけなのに」と思うでしょうが、「ゴミの分別は理解できているけど、いつ捨てていいかわからない」「不燃物回収の曜日は知っているけど、タイミングを逃してしまう」というケースは非常に多いのです。

自治体によってルールは異なりますが、基本的にはどの自治体でも回収日や曜日が限定されています。その**タイミングがわからなかったり、逃したり**したことで、ゴミがどんどん溜まってしまったという方は決して珍しくありません。捨て損なっているうちに「ゴミが山のように溜まっていて身動きが取れない」となるのです。

「ゴミ捨て」経験がトラウマになった方も

今の日本の法律では、ゴミの分別をしなくても罰則は科されません。けれども出したゴミの上に「分別してから出してください」「回収不可、持ち帰り」などと紙が貼られ、回収されず、清掃担当者や地域住民から叱責された人は少なくありません。いい加減に捨てられたゴミほど目立つので、中身を調べられることも多いのです。ルールを守らないと、ゴミの持ち主を特定され、賃貸契約の解除を通告されることもあります。

我が社に依頼される方からも「ゴミ出しがトラウマで」という話はよく聞きます。**「違う曜日に捨ててしまって怒られた」「ゴミの中身を見られて嫌だった」**。そういうことが原因でゴミを出す行為そのものが怖くなり、捨てずに室内に溜め込んでいるうちにゴミ屋敷になってしまったのです。

ゴミ屋敷が増えた背景

精神病患者の増加

精神疾患が原因で片づけられず、ゴミ屋敷になってしまった人もたくさんいます。精神疾患は世界各国で増加していて、日本でも増え続けているそうです。

専門家によれば*、精神疾患のなかでも、ＡＤＨＤ（注意欠如・多動症）、自閉症スペクトラム障害（ＡＳＤ）、強迫性障害（ＯＣＤ）、うつ病、双極性障害、統合失調症など

＊参考：有園正俊 OCD サポート「3-7. ためこみ、ゴミ屋敷と精神疾患」（ネットサイト）
五十嵐透子『片づけられないのは「ためこみ症」のせいだった?!』　青春出版社

の疾患で、「物を溜め込んでしまう」「捨てられない」「捨てない」という**「ためこみ行動」**が症状として起こる可能性があるそうです。

このほかにも、認知症や依存症（アルコール、買い物など）でも「ためこみ行動」が起こる場合があります。それぞれの精神疾患ごとに「溜め込みの度合い」や「溜め込み方」に大きな違いがあるわけではありません。

さらに、右に挙げた病気では説明がつかないにもかかわらず、精神的な要因で「ためこみ行動」を起こして生活に支障をきたしている場合には、**「ためこみ症」**と診断されます。「ためこみ症」は新しい概念なので、日本の医療関係者でもまだ知らない人が多いようです。

もとより私は専門家ではありませんが、それでもお客様と話をしていると「溜め込んでしまう原因」について精神疾患ごとに傾向を感じることはあります。以下に、簡単にいくつかの精神疾患について専門家の資料をもとに記します。

1．ADHD（注意欠如・多動症）

発達障害のなかでも、ADHD（注意欠如・多動症）の人は一つのことに集中するのが苦手なので、ゴミを捨てようと思った瞬間に別のことをしたり、片づけの途中で違うことを始めたりしがちです。優先順位をつけるのが苦手で、片づけの手順がわからなくて途方に暮れることもあります。買ったことを忘れて、同じ物を買うこともあります。また、ＡＤＨＤの人は「先延ばし癖」があるとされ、例えば「ポストの手紙は溜まってから捨てよう」とか、「ゴミ捨ても、ある程度溜まるまでいいや」など、いろいろなことを先延ばしにしてしまう傾向があります。

2. 自閉症スペクトラム障害（ＡＳＤ）

自閉症スペクトラム障害（ＡＳＤ）の人は他者への関心が薄く、関心が「物」に向きがちです。興味関心が限定的で、ハマってしまうと繰り返したくなるこだわりがあるので、それが溜め込みに繋がり、気がついたらゴミ屋敷になっていることがあります。

3. 強迫性障害（ＯＣＤ）

強迫性障害（ＯＣＤ）の人には、「手が汚い」と思い込んで必要以上に手を洗ってしまうとか、スイッチを切ったか何度も確認してしまうとか、同じ物を何度も買ってしまうなどの行動が見られます。こういう人は、「ゴミの中に大切な物が入っているかも。

捨てたら大変だ」「捨てる前に確認しなくちゃ」と強く思い込んでいて捨てられないのです。

一度手放したら二度と手に入らないという恐怖、トイレットペーパーや除菌剤などを切らしたら大変だという思い込みから、買い溜めし続けてしまうケースもあります。

4. うつ病

うつ病になると思考力や気力が衰え、片づけやゴミ捨てどころではなくなります。重度になると、入浴ができない、トイレが面倒という状態に陥ることもあります。こうなるとゴミ屋敷や汚部屋になることは必至です。

5. 統合失調症

統合失調症の人は、「誰かに狙われている」「誰かにストーカーされている」「誰かに悪口を言われている」「監視されている」と思い込むことで、「ためこみ行動」

が起こるとされます。

6. ためこみ症

1〜5の精神疾患（ADHD、ASD、OCD、うつ病、統合失調症）や認知症の影響がないのに「ためこみ行動」が出ている場合に、「ためこみ症」と診断されます。

ためこみ症は優柔不断な人や完璧主義の人が陥りやすいとされます。かつては強迫性障害の一種と考えられていましたが、約10年前に別の病気と定義され注目されています。特徴は「物を大量に集めてしまう」「整理整頓ができない」「捨てられない」で、集める物は人によって異なりますが、空き缶、家具、家電、領収書などさまざまです。

精神疾患は誰でも発症する可能性があるのですから、誰もがゴミ屋敷に住むリスクがあると考えていいのではないでしょうか。

なお、精神疾患が原因でゴミ屋敷になった場合、片づけただけで解決にはなりません。医師の指導のもとで適切な治療を続けながら、再びゴミ屋敷にならないような仕組みを作っていく必要があると思います。それには周囲のサポートも不可欠でしょう。

3章 ゴミ屋敷に住んではいけない理由

「ゴミ屋敷に住んでいるけれど、
べつに問題はないし、誰にも迷惑をかけていない」
と考えている方が多いのですが、
実はゴミ屋敷での生活は
さまざまな「リスク」と隣り合わせです。
もしかすると、明日にも命を失う危険すらあります。
この章では、「なぜ、ゴミ屋敷に住んではいけないのか」という
「ゴミ屋敷に住むリスク」をお話しします。

その①

「火事」になりやすい

私が最も心配なのは「火災」です。住人が喫煙者かどうかは関係ありません。私が作業に入るほとんどの家で、「よくこれで火事が起こらなかったな」と思います。

ゴミ屋敷の中は**可燃物が多く、火が回りやすい**のです。そして一般的な家庭ならボヤで済む小さな火種を見つけられず、一瞬で大火事になります。

火災の怖さ

ホコリが起こす「トラッキング火災」

ゴミ屋敷で起こる火事で最も多いのは「トラッキング火災」です。コンセントに長くプラグを差したままにしておくことで、コンセントとプラグの間にホコリが溜まり、そのホコリが空気中の湿気を帯びることで、通電している電気によって発火してしまう現象です。**電化製品を使っていなくても、電源がオフでも、プラグを差しっぱなしにして**

いるだけで、トラッキング火災は発生します。

日本では湿度が高い6月から9月にかけてトラッキング火災が起こりやすいというデータがあります。しかも、トラッキング火災の発生率は年々増えています。

そもそもゴミ屋敷はトラッキング火災が起こりやすい環境で、いったん火が出ると、燃えるゴミが多くあるために火の回りが非常に早く、すぐに全焼レベルに至ります。

火災の怖さ　配線コードから出火する!?

「タコ足配線」が出火の原因になることも少なくありません。スマホなどで充電式の電子機器を使っている人や、パソコンと周辺機器をたくさん繋いでいる人が増えていますが、タコ足配線のタップに記載されている許容量をオーバーして使うと、熱が過剰になって発火してしまうのです。

また、**「配線コード」がゴミに圧迫されて劣化したり傷ついたり**し、断線した箇所に電気が通ることで発火やショートが起き、それが出火の原因になることもあります。

火災の怖さ　放火魔に最も狙われやすい空き家の「ゴミ屋敷」

「放火」で最も狙われやすいのは、空き家のゴミ屋敷です。燃えやすい可燃物の多いことが一目でわかる空き家は、放火犯にとって格好のターゲットだからです。

火災の怖さ

賠償を迫られ、罪に問われる

火事を起こせば「逃げ遅れて命を落とすリスク」「家財を失うリスク」「近隣住民に被害を及ぼすリスク」「賠償責任を負うリスク」を背負うことになります。

もし近隣に火が及び、他人の家財だけでなく命まで奪ってしまったら、償うことなどできません。「失火罪」や「過失致死罪」に問われる可能性も十分にあります。

ゴミ屋敷に住んではいけない理由 その②

健康を害し、「病気」になる

「ホコリじゃ死なない」は嘘です。病気のせいで片づけられなくなり、ゴミ屋敷に陥る方も多いのですが、逆にゴミ屋敷に住むことで病気になった方もたくさんいます。卵が先か

鶏が先かではありませんが、ゴミ屋敷と健康状態は密接に関係しています。
ゴミ屋敷に住むことでかかりやすくなるのは、ぜんそく、うつ病、食中毒、ケガ（からの感染症）、虫刺され、アレルギーです。

ゴミ屋敷でかかりやすくなる

ぜんそく

ぜんそくは、慢性的な気管支の炎症によって気道が狭くなることで、咳が止まらなくなったり、呼吸困難になったりする疾病《しっぺい》です。横たわると気道が狭くなるので「咳や息苦しさで眠れない」「明け方に発作的な咳が続いて目覚める」なども特徴的な症状です。ぜんそくがひどくなると、何もしなくても咳が出たり、呼吸をするだけでゼーゼーと雑音が生じたり、頻繁に痰《たん》が喉にからんだりします。
ゴミ屋敷に住んでいると、ホコリやダニが大量に発生します。ぜんそくになる原因はさまざまですが、**「空気中の粉塵やホコリ、ダニの死骸や糞」などを知らないうちに吸い込んでしまう**ことも一因だと考えられています。

ゴミ屋敷でかかりやすくなる

うつ病

うつ病は「何もやる気が起こらなくなる」「悲しい気持ちになる」「食欲が湧かない」「眠

れない」「起きられない」「とにかくだるい」など心理的な症状が知られていますが、頭痛、動悸《どうき》、めまい、耳鳴りなどの身体的な症状が起こることもあります。

うつ病の原因も明確にはわかっていませんが、ストレスによることも多いと考えられています。人間には、自分の身を守るために、何にでも「慣れる」という仕組みが備わっています。そのためゴミ屋敷に住んでいても違和感がなくなり、慣れていきます。しかし、それでも心身にじわじわとストレスがかかってくるのでしょう。

ゴミ屋敷の中で平然と暮らしていたけれど、ある日**突然「起きられなくなる」「会社に行けなくなる」「耳鳴りが止まらない」などはうつ病**であることが多いのです。ゴミ屋敷になると、うつ病になりやすくなるだけでなく、うつ病が悪化しやすくなります。

逆に、うつ病がゴミ屋敷の引き金になることもあります。うつ病が原因で「疲れやすく片づけられない」「片づけなどどうでもいい」となり、ゴミ屋敷になるのです。

ゴミ屋敷でかかりやすくなる

食中毒

食中毒は、その原因になる「細菌」や「ウイルス」が食べ物に付着し、それが体内に入ることで起こります。ゴミ屋敷で生活していると、ゴミに囲まれて食事をすることになるので、食べ物に異物が付着するリスクは非常に高く、食中毒を起こしやすいのです。

キッチンがゴミで埋まっていて使えないので、自炊は一切しないという人も多いのですが、それでも食中毒で具合を悪くする人が多いのは、**買ってきたものにも室内で異物が付着**するからでしょう。

特に夏場は、買ってきたお弁当などをすぐに食べず、冷蔵庫にも入れず、テーブルに出しっぱなしにして後で食べたところ、食中毒になったというケースが多いのです。

ゴミ屋敷でかかりやすくなる

ケガからの感染症

ゴミ屋敷内でケガをする人は多いのです。「ゴミを踏んだときに鋭利な物や硬い物が刺さった」「ゴミにつまずいて転倒した」「ゴミが落ちてきて頭を強打した」「腐敗しているところに足が入ってしまった」などが、ゴミ屋敷でよく起こるケガの原因です。ゴミが溜まってしまうと、一つ一つのゴミの中身までは把握できなくなります。

擦《す》り傷、切り傷、打撲だけならまだいいほうです。ゴミの中にある細菌が傷口から入り込み、感染症になるケースもあります。傷口から入り込んだ細菌が皮下脂肪や筋肉にまで達し、治療が遅れて**「足の切断」を余儀なくされた方も、「敗血症」を起こして死に至った方**もいます。特に傷が深く、免疫力が低下しているときに菌が入ると、このようなことが起こりやすくなります。

ゴミ屋敷でかかりやすくなる

虫による普通のレベルではない痒み

ゴミ屋敷では、**ダニが大量に発生**しています。ダニに刺されると痒《かゆ》くなります。それだけでなく、赤く腫《は》れ上がることもあるので厄介です。

ダニに似たチャタテムシはカビを食べて繁殖し、ヒメカツオブシムシは衣類を餌に大量発生します。これらの虫の死骸が知らないうちに体内に入ったり、空気中で舞っている糞を吸い込んだりすることで、全身に発疹《ほっしん》などが起こり、掻《か》きむしった傷が化膿するとか、さらに細菌が入って大きな病気になることもあるのです。

痒みとは関係ありませんが、**ゴキブリやハエ**なども病原菌やウイルスを媒介するので、人に健康被害を与える害虫です。もちろんゴミ屋敷には大量に棲《す》みついています。

ゴミ屋敷でかかりやすくなる

アレルギー

ゴミ屋敷の住人のほとんどは、換気の重要性をわかっていません。いつも窓を閉め切っているので、知らず知らずのうちに**空気中の粉塵、ホコリ、ダニの死骸や糞などを取り込んで**います。

長期間、汚い室内で生活していると、そういうことが原因でアレルギーが起こります。

アレルギーには、ぜんそく、気管支炎、アトピー性皮膚炎だけでなく、鼻炎や目の痒みなどのさまざまな症状があります。

健康でいられれば、病院や薬のお金もかかりません。しかし不調になると、とにかくお金がかかります。健康なうちに、健康が維持できる環境に移ってほしいと思います。

ゴミ屋敷に住んではいけない理由 その③

臭いや虫で「近隣トラブル」になる

ゴミを置いているのは自分の家の室内だけ。誰にも迷惑はかけていない。そう思うかもしれませんが、近隣に住む人はたいてい困っています。

例えば**「異臭」問題**。マンションやアパートは排水管や換気ダクトなどが繋がっているので、どうしても悪臭や異臭が広がります。自分は慣れてしまって気にならなくても、近隣住民は非常に不快に思っている可能性が高いのです。

そして**「虫」の大量発生**。どんなに部屋を閉め切っていても、わずかな隙間から害虫が隣家に移動してしまいます。ネズミが移動することもあるのです。

最初から「ゴミ屋敷に住みたい」と思っていたわけでなく、気がついたらゴミ屋敷になっていた方ばかりですから、悪気はないでしょう。けれども、近隣の方や大家さんは待ったなしで、クレームを入れてきたり、訴訟を起こしたり、退去を命じてくることがあります。エスカレートすると、暴力事件や殺人事件も起こり得ます。

ゴミ屋敷に住んではいけない理由

その④

退去時に高額の「修繕費」を請求される

賃貸住宅の場合、生ゴミによるシミ、虫の糞や死骸によるひどい汚れ、カビや悪臭などが残ってしま

うと、そのままでは次の入居者を入れることができないため、引っ越しの際に大家さんから高額な修繕費を請求される可能性が高くなります。

室内のクリーニング代だけでなく、フローリングやクロスの張り替えなど、リフォームレベルでの原状回復が必要になると、50万円程度の請求では済まないでしょう。

その⑤

「孤独死」のリスクが高くなる

ゴミ屋敷と「孤独死」は密接に関係しています。ゴミ屋敷に住んでいるということが「孤独」を象徴し、孤独死する可能性が高いサインともいえます。

ゴミ屋敷になってしまうと、自宅に友人や知人、同僚、家族などを呼ぶことができません。深く繋がっている人がいなければ、ケガや病気になっても助けてもらえないかもしれません。実際にゴミ屋敷に住む方が、ゴミに埋もれたエアコンのリモコンを見つけられず、熱中症で意識を失ったとか、亡くなったというケースは少なからずあります。

孤独死は遺族の負担が大きく、不動産管理者へ与える損失も多大です。私たちも孤独死した方の部屋を片づけることがありますが、害虫や異臭はかなりのレベルです。

ゴミ屋敷に住んでいる人は、「自分が孤独になっていないか」「自暴自棄になっていないか」自問してみてください。**今ゴミ屋敷に住んでいても、手遅れではありません。**今すぐ誰かに相談することで、必ず良い方向に動き始めます。役所でも、私たちのようなプロでも、あるいは病院でも、まずは相談することで解決策が見えてくるはずです。

「わかった！ ゴミ屋敷は卒業しよう」「誰かに相談してみよう」。そう思われたのであれば、すぐに行動に移してください。スマホで「ゴミ屋敷　片づけ」と検索すれば、すぐにたくさんの清掃業者が出てきます。検索したら、「複数の会社から見積りをとる」「オプション料金について確認する」ことなどが重要です。

気持ちが変わらないうちに、すぐサポートしてくれる会社は心強いものです。我が社の場合は、ＬＩＮＥで室内の写真を送っていただければ、だいたいの見積りができます。見積りをとるだけでも、状況を変える大きな一歩になります。

4章

「捨てて」「片づける」のはプロにお任せ！

「誰でもゴミ屋敷になる可能性はある」

「誰かに頼っていい」と納得してくださった方も、

「これほどひどい状態でもいいのだろうか」

「ゴミの中身が恥ずかしくて相談しにくい」

と思うかもしれません。

この章では、そんな皆さんの心配を取り除くために、

「どんな方が依頼されるのか」

「私たちがどんな作業をしているのか」をお話しします。

なぜ、プロに任せないのですか？

「人に頼めない」理由は大まかに3つ

ゴミ屋敷やモノ屋敷の片づけやクリーニングを、誰にも「頼めない」「相談できない」理由としては、大まかに分けて「ゴミの中身に関わる理由」と「金銭的な理由」、そして「心理的な理由」があるようです。

ゴミの中身に関わる理由とは、「私の家の物（ゴミ）は○○だから頼めない」「○○だけは絶対に見られたくない」「○○にだけは誰にも触れてほしくない」などです。

金銭的な理由とは、「ゴミにお金を払うなんて考えられない」「お金がもったいない」「いくらかかるのか想像もつかない」などです。

心理的な理由とは、「そもそも誰にも会いたくない」「誰にも知られたくない」といったことです。

こういう理由がない交ぜになって、ほとんどの人が片づけを外注することにためらいを覚え、手をこまぬいたままでいることを、私たちはよく理解しています。

でも、どうか覚えておいてください。私たちは依頼者に代わって、「片づける」という行為をしているだけです。

物が溢れる時代に、あらゆる物について「捨て方がわからなくて困っている」という人は本当に多いのですが、それは根が真面目だからでもあります。そんなことに長い時間悩まず、誰かに片づけてもらうのが一番早い解決方法です。

安心して！　ゴミ屋敷なんて珍しくない

日本のほとんどのエリアには、不要品回収業者やゴミ屋敷専門の清掃業者がいます。正確な数はわかりませんが、おそらく1000社以上の清掃業者があるはずです。私たちの仕事が決して特殊ではないことがわかっていただけるでしょう。我が社の場合は関東・関西・東海に対応エリアを絞っていますが、依頼件数は月に平均600～700を超えています。相当な数の依頼があるということです。

ゴミ屋敷は珍しいものではなく、ゴミ屋敷に住むのは珍しい人でもありません。ですから「私だけだろう」「恥ずかしい」という思いを持つ必要はないのです。私たちのところに片づけを依頼されるのは、独居老人やひきこもりの方よりも、「普通の人」のほうが圧倒的に多いのです。

安心して！　あなたの秘密は守ります

持ち主でさえ把握していないゴミの中には、個人情報がわかる物もあるでしょう。そういう個人情報の取り扱いが心配かもしれません。

我が社の場合には、お客様から預かった情報のすべては秘密事項として厳秘《げんぴ》します。そして、お客様に関係する情報や資料などは、お客様への作業完了の報告後10日を目安に破棄します。

ただし、各種のカード、給与明細や郵便物などは、万が一のことがあるので、破棄（シュレッダー作業）はお客様自身でなさるほうが安心です。ですから、そのようにお願いすることもあります。

また、依頼者が「スタッフの方に会いたくありません」とおっしゃることもあります。LINEなどであらかじめ部屋の様子やサイズを送っていただければ、ある程度のお見積りを出すことができます。納得いただけたら、オンラインのクラウド上でサインを交わし、鍵を預けていただければ非対面で作業することも可能です。

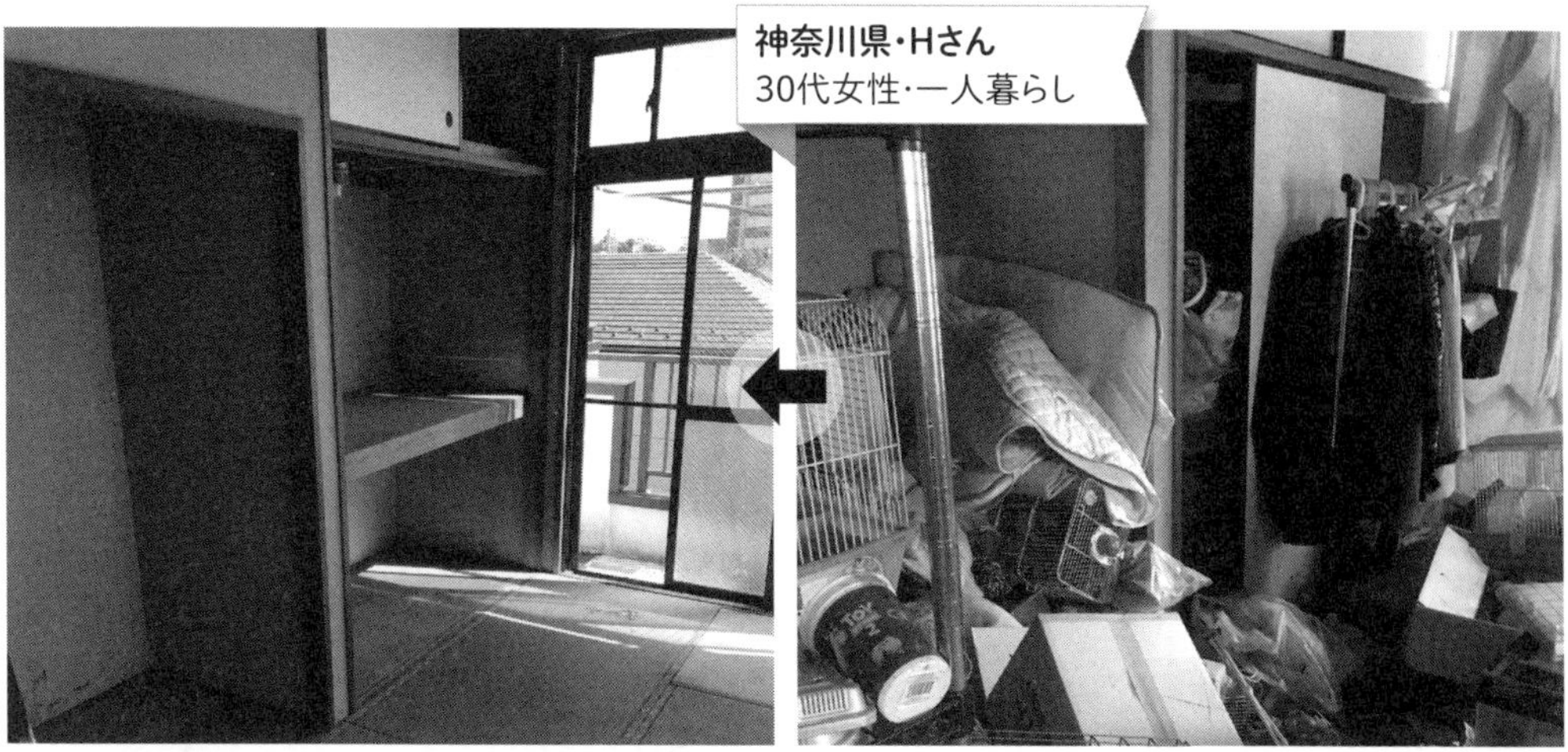
神奈川県・Hさん
30代女性・一人暮らし

大阪府・Nさん
30代男性・一人暮らし

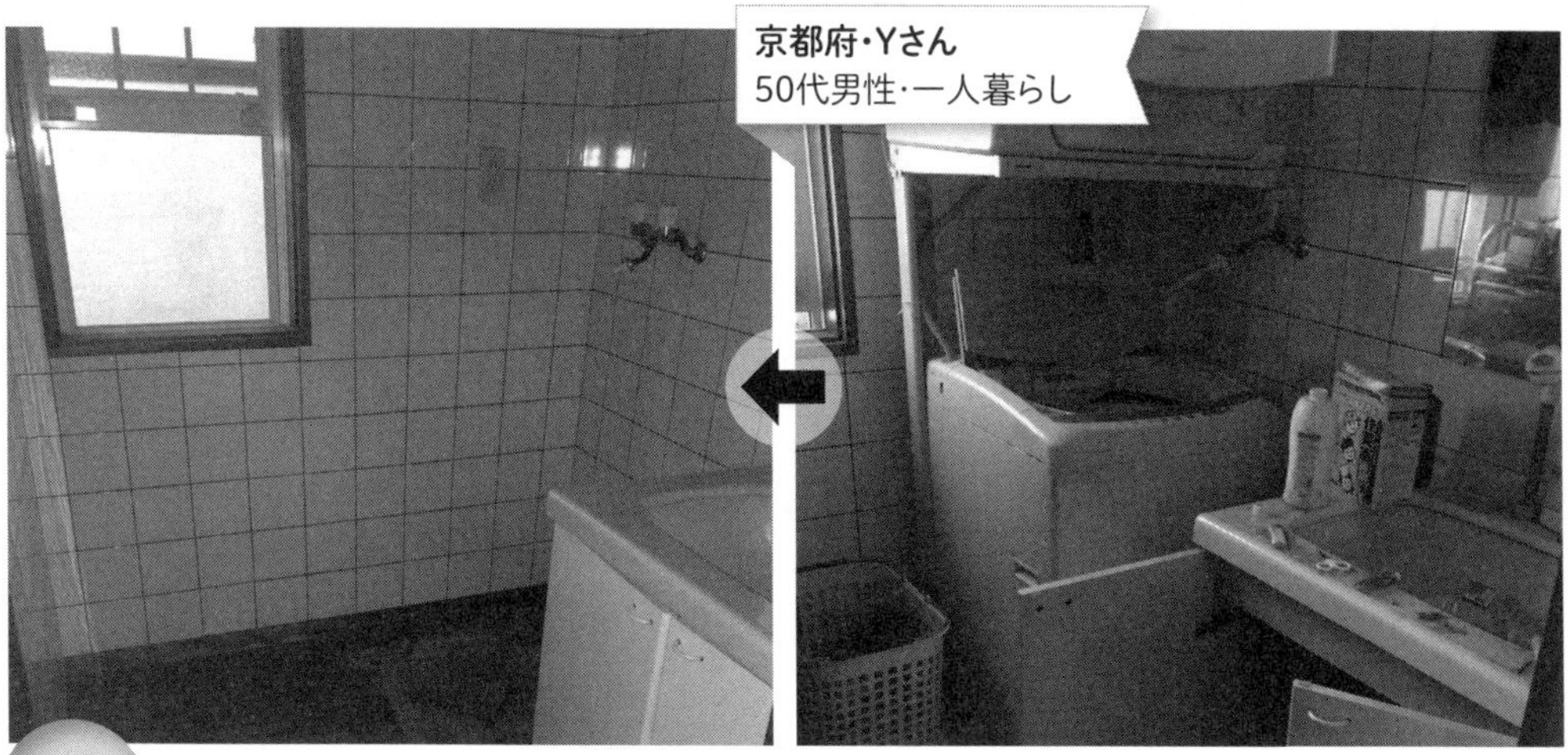
京都府・Yさん
50代男性・一人暮らし

こんな方もゴミ屋敷の住人です

芸能人からの依頼があった！

若くて可愛くて、お金があっても、ゴミ屋敷になってしまうケースはあります。

若い芸能人から依頼がありました。といっても、依頼の際、彼女は自分のことは明かさず、契約書などもすべてオンラインを利用、片づけに立ち会うこともなかったので、当初は彼女が有名な芸能人だとは気づきませんでした。しかも、依頼時には「妹に貸している部屋の片づけを」とのことで（これもよくあるケースです）、実際に誰が住んでいるのか、こちらではわからないのでした。

とはいえ、大量のゴミや洋服を片づけていれば、郵便物や記名のあるポイントカードや診察券、古いクレジットカードなどが出てきますから、住人の人物像がある程度は推測できます。

妹さんに貸していたのか、それ以外の人に貸していたのか、本人が住んでいたのか、真実はわかりませんが、「ああ、ここはあの○○ちゃんが、少なくとも出入りしている家だなあ」と気づきながら、ゴミが1メートル以上の高さまで積み上がったワンルームの「ゴミ屋敷×モノ屋敷×汚部屋」を作業員一丸となって黙々と片づけました。

ゴミの状態から、おそらく仕事に忙殺されていたことが想像できました。広めのワンルームの賃貸物件でしたが、いつしか住まいとしてではなく「巨大なゴミ箱」として使っていたようです。

現代人にありがちな**「忙しすぎる」「なかなか家に帰れない」という状況**は、典型的なゴミ屋敷に陥るパターンの一つです。

男性よりも女性、特に若い女性に多い

意外かもしれませんが、ゴミ屋敷の住人は7：3〜6：4の割合で女性のほうが多いことは、業界ではよく知られた事実です。ですから「女性として失格だ」とか「女性なのに片づけられないなんて恥ずかしい」といった固定観念は必要ありません。

年齢層も、ゴミ屋敷に住むのは高齢者をイメージする方が多いかもしれませんが、実際は20〜50代の現役世代のほうが圧倒的に多く、それに次いで高齢者（65歳以上）が多いという印象です。

ですから片づけの相談や外注を考えるときに、「性別」「年齢」「健康状態」を気にしてためらう必要はまったくありません。

相談窓口で「若いのだから片づけくらい自分でやれ」とか、「女性なら自分で片づけられるだろう」などと対応されるようなことは、まずありません。安心して、堂々と相談窓口に連絡してほしいと思います。

バリバリのキャリアウーマンやオシャレなOLさんも

ゴミ屋敷に住んでいる女性といっても、見た目は「とにかく普通」「きちんとしている」としかいいようがなく、「不潔さ」や「異臭」を感じることは滅多にありません。

どなたもきちんとメイクをして、整えた身なりで職場に行って、問題なく仕事をされています。大企業や有名企業の会社員も珍しくありません。

正直なところ、見た目からは「綺麗な家に住んでいそう」「きちんとした生活をしていそう」という第一印象を持つほど、普通の女性からの依頼がとても多いのです。

「不潔さ」や「異臭」のような異変が感じられれば、周囲が手を差し伸べてくれるかもしれませんが、それがないのでゴミ屋敷問題が表面化しないのです。それが日本のゴミ屋敷問題を深刻化させ、増加させている要因の一つなのかもしれません。

「夜の蝶」と呼ばれる女性も多い

「夜の蝶」として華やかな世界に身を置き、お金も美貌もほしいままにしている方からの依頼も少なくありません。バーやクラブなど、いわゆるナイトライフ産業の女性です。

恋人と住んでいる超高級タワマンは、モデルルームのように片づけが行き届いている。でも、自分で借りている部屋は、とんでもないゴミ屋敷や汚部屋というケースはよくあります。

しかも、このタイプの女性は「ゴミ屋敷のほうが落ち着く」と言って、せっかく我々に依頼してくれても「全部は片づけなくていい」とか「少なめの予算でできる範囲で片づけて」と妙なオーダーをされることも多いのです。

夜の仕事やタワマンでの華やかな生活を維持したい一方で、「落ち着く」から残しておきたいゴミ屋敷。彼女たちの心情をうまく説明することはできませんが、ゴミ屋敷問題には「ゴミ屋敷になってしまう理由」だけでなく、なんらかの**「ゴミ屋敷のままがいい理由」もある**ということでしょう。

男女ともに多い医療従事者や士業

ゴミ屋敷の住人には、比較的社会的地位や金銭的余裕がある人たちも多いのです。自宅がゴミ屋敷になってしまっても、スポーツクラブ、スーパー銭湯などの温浴施設、漫画喫茶、ビジネスホテルなど、いくらでも身なりを整えたり仮眠をとったりする場所があるので、問題がなかなか表面化しません。

男女関係なく、医療従事者や医療関係者からの依頼も非常に多くあります。話を聞くと「外で人のために一生懸命に働いた結果、**自分に使うエネ**

ルギーはすべて使い切っててしまい、帰宅してからは食べたもののゴミさえ捨てる余力がない」と言います。こういう仕事の方は、当直があれば職場でシャワーが浴びられ、寝泊まりする場所もあります。

高度な専門資格を必要とする「士業」の方からの依頼も少なくありません。

ゴミの中に「排泄物」が混じっていることはよくある

トイレで用が足せなくなり、「ペットボトルに排尿する」男性がけっこういます。女性ならビニール袋やレジ袋を使っていますが、ペットボトルに排尿する男性に比べると少数です。

トイレで用を足せなくなった原因は、大まかに「ゴミのせいでトイレのドアが開かない」「トイレそのものが汚部屋で、水が流れない（故障した）」の2つです。

いずれにしても、ゴミ屋敷の住人は困りません。トイレのドアが開かなくても、便器が詰まって使えなくても、排尿だけなら自宅のペットボトルでできるし、排便は仕事場か買い物に行ったついでのコンビニで用が足ります。

これもゴミ屋敷問題がなかなか表面化しない原因の一つです。

使用済みナプキンが室内に大量にあることも

皆さんは、女性の使用済みナプキンは「燃えるゴミ」で、ナプキンを包んでいる外袋は「容器包装リサイクル法」の対象で再商品化されることをご存じですか? つまり、自治体によっては、外袋をプラスチックとして分別収集している可能性があるのです。

「使用後のナプキンは経血吸収面を内側にして丸め、個別ラップで包み捨ててください」と表示している生理用品メーカーもありますが、「使用後のナプキンはプラスチック可燃ゴミとして処理するのが望ましいと考えています」「お手数ですがお住まいの自治体に問い合わせください」など、捨て方について明言を避けているケースがほとんどです。消費者からすると「買うのは簡単なのに、捨てるのがとんでもなく難しい」のが現状です。

実際には、多くの女性が「燃えるゴミ」として捨てていると思いますが、**「どう捨てていいかわからない」と真面目に考えすぎてしまった**結果、部屋の中に大量の「使用済みナプキン」がとんでもない臭いを出しながら「並んでいる」ケースもありました。

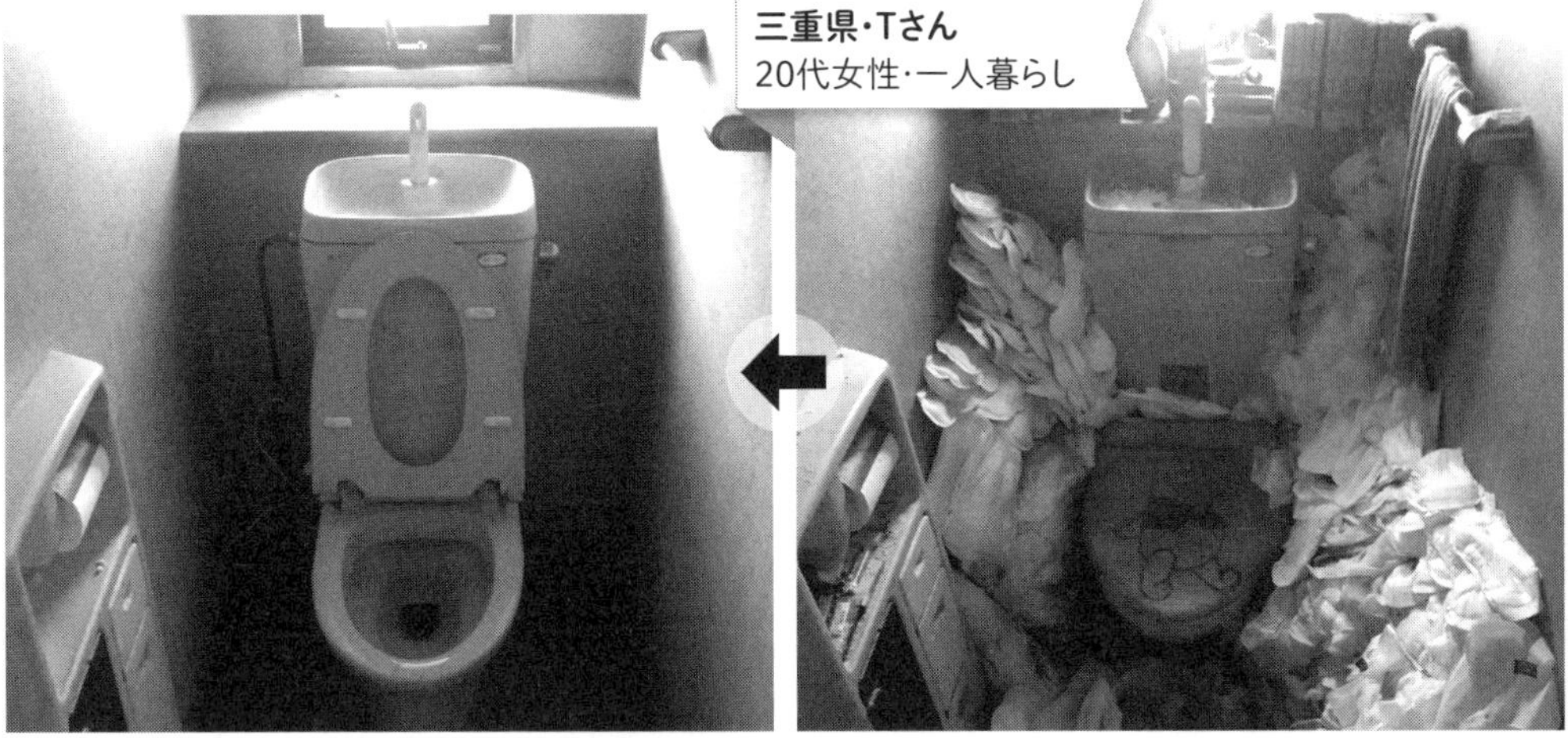

三重県・Tさん
20代女性・一人暮らし

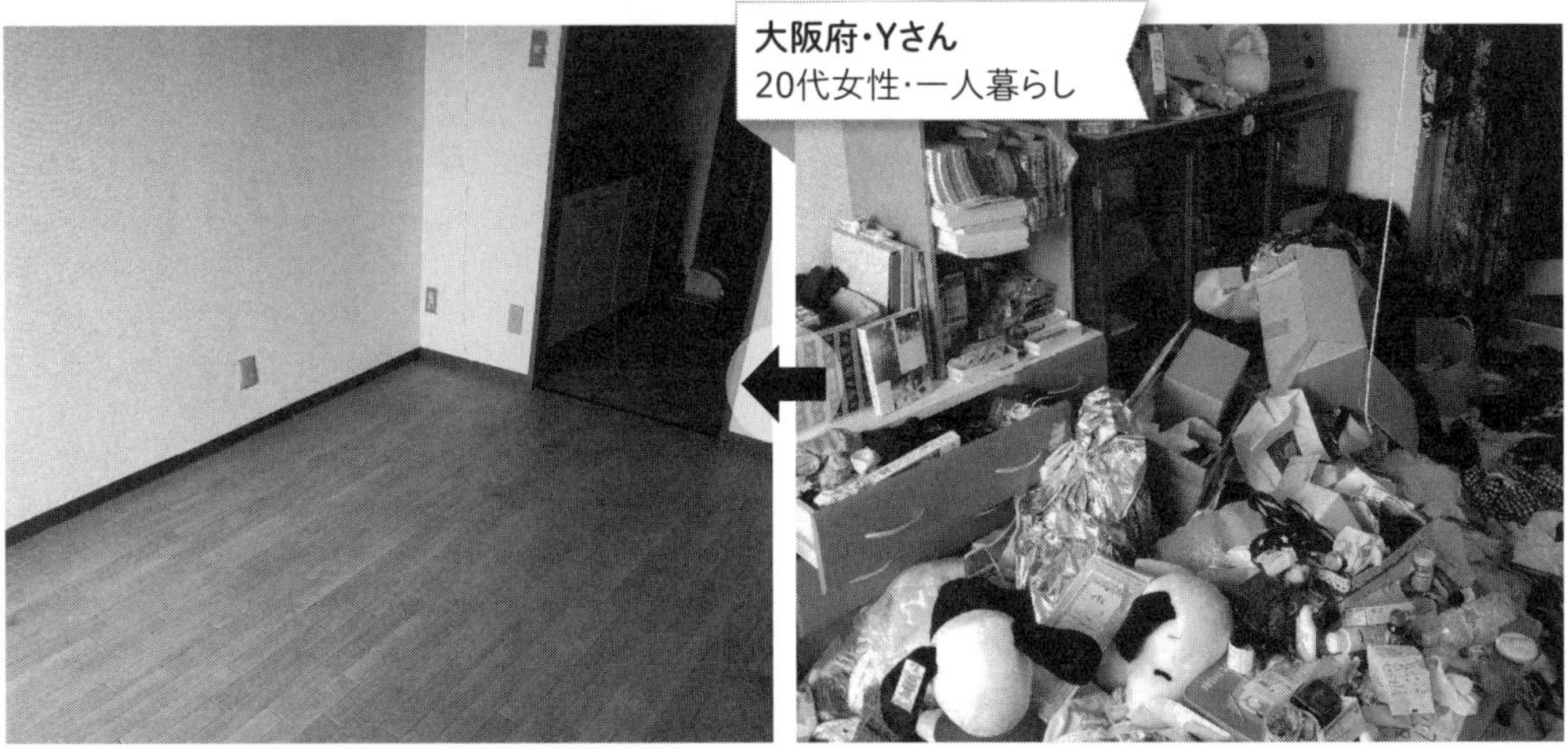

大阪府・Yさん
20代女性・一人暮らし

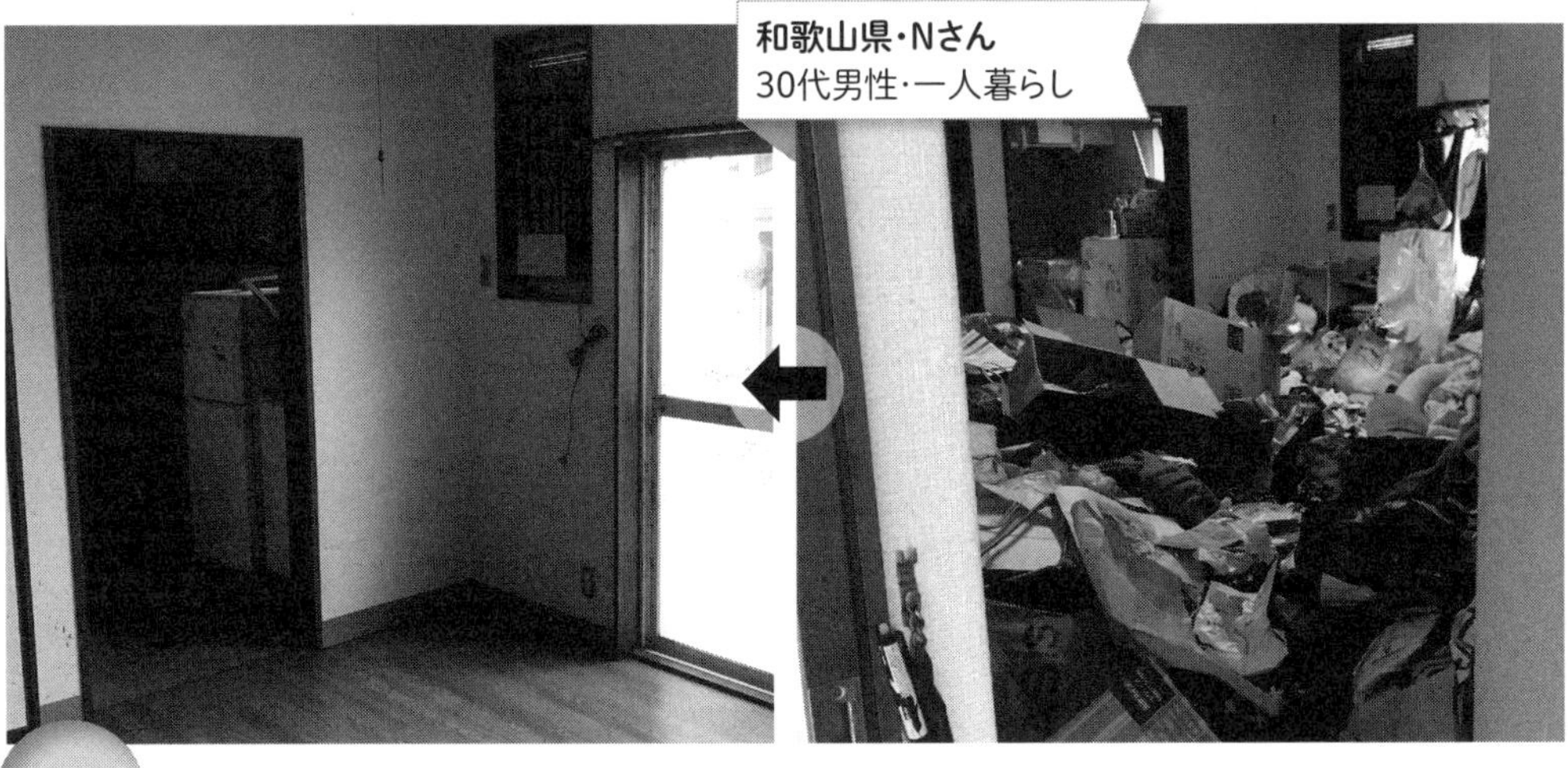

和歌山県・Nさん
30代男性・一人暮らし

どんな部屋でも引き受けます

ゴミが天井まで数十センチに迫っていてもOK

「ロフトから下はすべてゴミ」「天井まで数十センチしか空間がなく、あとはすべてゴミで埋まっているけれど頼めますか？」といった、「ゴミの量」に関わる問い合わせは本当によくあります。ゴミ屋敷で生活したことがない方は「そんな場所でどうやって暮らすの？」と思われるかもしれません。

実際に住んでいる方は、玄関を開けるとゴミの山がそびえていても、その山を平然と登りながら、そのまま「生活スペース」まで行きます。その限られた生活スペースで暮らしているのです。生活スペースがロフトだけの場合もあれば、ゴミ山の谷間の一部に「人ひとり」横たわれる程度の生活スペースを作っている方もいます。いずれにしても、そこまでゴミを踏みつけながら進むのです。とにかく息ができる空間があれば、人はそれなりに暮らせるのだと実感します。

どれほどのゴミ山であろうと、**プロにとって、その量はまったく問題ありません。**それだけの量のゴミや物を、素人が一人で片づけるのは不可能ですが、私たちは人海戦術で、玄関からゴミの山を次々に運び出していくプロです。

一般的な1LDKで、天井まであと数十センチのゴミ山というレベルであれば、1〜2日ですべてのゴミを外に運び出すことが可能です。

ゴミが分別できていなくてもOK

ゴミ屋敷が増えた要因に、「昔に比べて、ゴミが捨てにくくなっている」ことがあります。

かつては駅構内や公園、商店の前などにも「ゴミ箱」がありました。けれども、安全性などの理由から撤去され、ゴミ箱の設置数が激減しています。コンビニの前にあったゴミ箱も店内に移動され、家庭内のゴミが持ち込まれないように対策されています。また、どのゴミ箱も「飲み残し」「燃える」「燃えない」「ペットボトル」「缶」などと分別するように設計されていて、気軽に捨てることができなくなっています。

ゴミ屋敷の室内には、たいてい「食べた後のものをそのまま入れて、持ち手を結んだレジ袋」が山積みです。中身は、レシート（燃えるゴミ）から、お弁当ケースや惣菜パック、おにぎり・サンドイッチなどの包装（プラスチック）、さらに飲みかけの飲料が入ったペットボトルなどが一緒くたになっています。

私たちは、このような**腐敗した食品や生ゴミも含めて「分別できていない」ゴミを、自治体に指定された方法で分別**します。

キッチン回りが腐敗した食品で大変な状態でもOK

どうしてもキッチン回りにはゴミが溜まりやすくなります。

例えば頂き物の瓶詰や缶詰などは、「いつか食べるかも」という「ストック」のつもりが、いつのまにか「ゴミ」となり、ゴミになった頃にはもう処分の方法さえわからない、自分一人ではどうしようもない、となりがちです。昭和初期〜中期に生まれた依頼者の家から、何十年も前のお中元・お歳暮が出てくることはよくあります。

冷蔵庫の中も同じです。「明日食べよう」と思って残しておいた食べ物がどんどん溜まって大変なことになってしまうのです。

多くの日本人は、食べ物を残すこと、ましてや捨てることに潜在的な罪悪感を持っているので、捨てられずに冷蔵庫にストックしがちです。それがすごい量になり、冷蔵庫なのにカビや虫が湧いてとんでもない臭いを発しているという例は珍しくありません。「このお宅には黒いお皿が多いな」と思ったら全部虫だった、カビだった、ということもざらにあります。

キッチン回りのゴミへの対処も、基本は同じです。自治体の指定に則って分別作業をしたうえで、缶やペットボトルはすべてリサイクルできるようにします。

「冷蔵庫ごともういらない」「食品をストックしていた棚ごといらない」という場合も多いのですが、我が社は**家電や大型家具を含めた買い取りもしている**ので、丸ごと対処します。

誰にも見せたくない「アダルトグッズ」が大量でもOK

性的な嗜好品のコレクションで悩まれる方もいます。

SM用品やコスプレほか、さまざまなアダルトグッズの片づけを依頼されるのは、男女を問いません。その「内容」が外に知られるのではと心配する方もいらっしゃいますが、心配はご無用です。どんな依頼であっても守秘義務を交わし、どんな物でもルールに従って片づけるのが我々の仕事です。

それがお客様にとって必要な物なら、まずはダンボール箱なり押し入れなり「ここだけは手をつけないでください」という場所に保管しておいてもらいます。そうすれば**プライバシーは保たれ、私たちが勝手に見たり触れたりすることはありません。**

一方で、もはや再生できない古い大量のアダルトビデオや、腐敗した大量のアダルト雑誌などの処分を希望される場合もあります。

処分を希望されれば、すべて適切な方法でリサイクルや処分できるようにします。他のゴミの扱いとまったく同じです。ビデオなら磁気テープと外装の分別が必要な場合は一つ一つその作業をしますし、ＤＶＤは基本的に可燃ゴミなので可燃ゴミとして分別し、古い雑誌は「古紙」として専門のリサイクル業者に渡します。

黙々と働くスタッフたち

物・物・物の「モノ屋敷」でも大丈夫

高齢者の家ほど「モノ屋敷」になりやすい

衣類、書籍、紙類、日用品、古くなった家電、粗大ゴミなどが大量に残っていて身動きがとれなくなった「モノ屋敷」の片づけも、非常に多く寄せられる依頼です。

モノ屋敷の依頼者は、ゴミ屋敷や汚部屋よりも年齢層が若干高い傾向にあります。これは今の70〜80代が、日本史上初めて「お金さえ出せばいくらでも物が手に入る」「たくさんの物が持てるようになった」高度成長期の世代で、とにかく「たくさん買いたい」「買うこと・買えることに幸せを感じる」からなのかもしれません。

しかもこの世代の多くは、自分たちの両親が貧しく質素な暮らしをしていたこと、あるいは自分たちも幼少期は戦中戦後の混乱で物がなかったり貧しかったりしたことをよく覚えています。「せっかくお金を出して買った物だから捨てたくない」「捨てるのに罪悪感がある」「貧しさを思い出したくない」といった複雑な心理によって、もう使えない物や不要な物でも捨てられずに、大量に残してしまうのではないでしょうか。

モノ屋敷のほうが片づけは進みにくいけれど…

「モノ屋敷」の片づけは、「ゴミ屋敷」の片づけとは少し違います。我が社は「買い取り」もしているので、ゴミの山もモノの山も宝の山です。できる限りお客様のご希望に添って、「予算」と「買い取り金額」を擦り合わせながら作業をしていきます。

ゴミ屋敷でも同じですが、基本的には「いる・いらない」を依頼者に確認しながら進めます。

もう開けることさえ難しい壊れたタンスでさえ、「思い出の品だから」と処分を躊躇する方がいます。なんとか引き出しを開け、大量の虫が出てきたことで、やっと処分に気持ちが傾く方もいれば、それでも踏ん切りがつかず、最後は写真を撮ってなんとか手放す決意をされる方もいます。

洋服でも、「昔パーティーに着て行った思い出の一着」などと言って、なかなか捨てたがらない方がいます。けれども、よく見るとゴキブリの卵がぎっしり付いていた、などということも……。目の悪くなったお年寄りは、こういう事態に自分一人では気づくことができません。片づけが進まなくて当然です。

モノ屋敷の片づけは、持ち主の思い入れがあるだけになかなかできません。不要品、粗大ゴミも家電などもジャンルを問わずに「丸ごと」片づけをサポートしてくれる業者に頼めば、「捨てる」と決めることを手伝ってくれます。プロはスピーディーに捨てることをサポートするので、せっかく捨てると決めた物を再び目にして「やっぱり取っておこう」とモノ屋敷に戻ってしまう隙さえ与えません。我が社は、目の前にあるゴミやモノだけでなく、「心の片づけ」にもお役に立てると自負しております。

開封していないダンボール箱が大量にあることも

今の時代は「忙しい人」ほど、あらゆる物をインターネットで買う傾向にあります。食品から衣類、趣味の物から生活用品まで、なんでもダンボール箱に入って届きます。ダンボールの処分方法は自治体によって異なりますが、資源ゴミとして決まった曜日に出して回収してもらうのが一般的です。といっても、回収ペースは週1回程度が多く、雨の日は回収が中止になることもあります。ほぼ毎日~週に数回以上ダンボール箱が届く時代に、この回収ペースでは需要と供給がアンバランスです。

「ここは通販会社の倉庫か?」と思うほど、部屋中にダンボール箱が山積みになっているケースは本当に多いのです。

開封されていないダンボール箱が大量にあることも珍しくありません。その場合は、お客様に立ち会ってもらい、どんどん開封していきます。そして中身について「いる・いらない」をその場で判断してもらい、不要品は我が社で買い取ることもあります。

心当たりがある方も多いと思いますが、案外「同じ物」を何度も買っているものです。すでに使用期限や賞味期限が過ぎている物も多くあります。

買うのは一瞬ですが、届いたダンボール箱を開封して中身を取り出し、実際にそれを使い、あるいは消費し、最後に処分するという流れは、「忙しい」人には難しいのです。

ボロボロの「一軒家を丸ごと」片づける場合

「一軒家を丸ごと片づけてほしい」という依頼もあります。我が社は増築した部屋やプレハブの解体にも対応しています。ただし、腐敗が進んで崩れ落ちそうな家の場合は、見積りの段階で作業が危険でないか検討させていただき、危険だと判断した場合にはお断りすることもあります。

現在の70〜80代は「庶民でも〝自分の家〟を持てるようになった初めての世代」とい

えます。家を持った人が経験することの一つに、「家のメンテナンス」があります。特に木造住宅は、屋根（瓦）、外壁、水回りや給湯器、鉄部（再塗装）、シャッター、床下（防蟻処理）などで、メンテナンスが数年～十数年ごとに生じます。

そういう定期的なメンテナンスが必要だということを知らずに購入している人があまりにも多いように感じます。「建てた」「ローンを返したから終わり」で、ボロボロの家に住み続けている人がとても多いのです。あるいはさまざまなトラブルが起こるので、とても住めないと家を放棄してしまう人も多いのです。

空き家は放置せず、すみやかに対処を

「ボロ屋丸ごとの片づけ」は、ほとんどがお子さんなど親族からの依頼です。日本ではこの30年で空き家が2倍以上に増えていることを、国も問題視して対策を講じ始めています。ボロの空き家は突然の崩壊などの可能性があるほか、ゴミの不法投棄の温床になるリスク、火災のリスク、不審者が出入りするリスク、ネズミや野良猫の繁殖地になるリスクもあり、悪臭や景

観の悪化などでも近隣住民に迷惑をかけてしまいます。

「空家等対策の推進に関する特別措置法（空家法）」という法律があります。それに基づいて、自治体から「特定空家等（空き家のうち、放置することが不適切な状態にある建物、およびその敷地）」と認められると、**改善の勧告や命令が下され、所有者がそれに従わなければ最大50万円以下の過料に処される**場合があり、税金の負担が増えることもあります。

なかなか手をつけたくないのはわかりますが、ボロ家を丸ごとなんとかして有効活用したいという場合でも、まずは徹底的に片づけてから「売る」「貸す」「リフォームして住む」など、次のステップに進めるのではないでしょうか。

空き家の中にも家財はあります。その家財は家の所有権がある人の物になりますので、私たちはそれを財産として相続した方に「確認書」や「同意書」をいただいたうえで作業します。

その空き家の所有者がわからなければ作業に入れないので、弁護士か司法書士に相談し、裁判所からの指示を受けることになります。

「クリーニング」も任せてください

「トイレの水が流れない」レベルの汚部屋

「ゴミ屋敷×汚部屋」（片づけ＋クリーニング）は最も多い依頼です。

汚部屋には、水が流せないレベルのトイレも含まれます。尿石がこびりついている便器、便が詰まって流れないトイレはざらにあります。入居してから一度もトイレ掃除をしたことがない状態だと、尿石がこびりついて白い便器が茶色く変色しています。

こういう便器は、まず水が溜まっている部分に不要なタオルを入れて水をいったん抜き出します。カラカラになった便器に、尿石落とし用の洗剤をかけて、トイレシートなどで養生してしばらく時間を置きます。

適当な時間になったら、金たわしを使って汚れを落とし、9割くらい汚れが落ちたら目の粗いサンドペーパーでこすり、最後は目の細かいサンドペーパーに替えて汚れを落としていきます。

よく「サボったリング」と呼ばれる黒い輪のような汚れが生じますが、この正体も水垢やカビです。酸性洗剤を使って汚れが落ちなければ、完全に流した後に換気をしながら塩素系漂白剤を使います。

これで驚くほどトイレは綺麗になります。詰まりが取れれば、流れも回復します。配管の詰まりで水が流れず、修理が必要な場合には対応できませんが、それでも便器そのものは使えるレベルまでクリーニングで仕上げます。

便器を掃除するのは「クリーニング」業務で、「片づけ作業」とは費用が別になりますが、それでも両方を依頼される人は多く、片づけをしている流れで「ついでにトイレも掃除してもらえますか?」と依頼される方も多いのです。

お風呂の汚れもクリーニング可能

お風呂場のクリーニングの依頼も多いです。

特に女性の部屋のお風呂掃除は、トイレのクリーニングよりも大変です。だいたい「浴槽の水が流れない」「浴槽の水が流れにくいから見てほしい」というケースが多いのですが、その原因の多くは「詰まり」です。

まず排水口をチェックして、排水口に詰まった髪の毛を取り除きます。たいていはとても長い髪の毛が取れ、丸めるとサッカーボールに近いサイズになります。この詰まりを取り除き、水が流れるようになると、まずは第1段階クリアです。

バスタブやユニットバスの洗面エリアについた汚れは、カビだけでなく、水垢にプラスしたシャンプーやボディソープの「石鹸かす」です。シャンプーやリンスが固まってしまうと、洗剤やお湯では取れません。いらなくなったクレジットカードで擦《こす》って落としていきます。ちなみにカードのなかでも角が丸くなっているものは、湯船の形状にマッチして非常に使いやすいので、自分でやってみたい人がいたらおすすめです。

お風呂については、水が流れて、お湯が使えれば、どんなに汚いバスタブでもたいていは問題なくクリーニングできます。

少し例外的ですが、バスタブに排泄している女性がいました。クリーニングを頼まれて浴室を見たら、バスタブは満水。すでに詰まっていて、明らかに「便」と思われる浮遊物もある……。排水口も詰まっていて流れない状態だったので、バケツにバスタブの水を移し、トイレに流すという作業を繰り返しました。

この女性も「毎日スポーツジムに行っている」と話していたので、お風呂やトイレは外で済ませていたのかもしれません。

水回りは、とんでもないカビの量でも案外綺麗に回復できるので、プロのクリーニング業者に頼むのはおすすめです。業者は作業に入る前に、まずは現場を見せてもらうか写真を送ってもらうかで見積りを出します。その段階でプロが引き受けてくれるなら、相当綺麗になるはずです。

動物の多頭飼いをしている場合

動物の多頭飼いによるゴミ屋敷や汚部屋も多いのです。我が社へは「猫の多頭飼い」による依頼が圧倒的に多く、次に「鳥の多頭飼い」が多い印象です。

猫の場合、猫トイレの掃除の仕方がわからなくなってゴミ屋敷になるケースが多いようです。シーツタイプであれば基本的に一般ゴミとして扱えますが、猫砂は自治体によってルールが異なります。トイレ本体は粗大ゴミになる自治体がほとんどですが、粗大ゴミだとゴミセンターへ電話予約を入れるなどの手間がかかります。持ち主がどうしていいのかわからず、ぼんやりしているうちにどんどんゴミが増えてしまい、あっというまにゴミ屋敷、というケースは多いのです。

ブリーダーをしていた方からの依頼で、10年ほど住んでいない家を片づけたときに、白骨化した動物が数十体出てきたケースもありました。

片づけやクリーニングの依頼を受けた場合、もちろん猫や鳥を処分するわけではなく、片づけやクリーニングが終わるまではケージなどで待ってもらいます。

使わなくなって「不要」とされるケージなどは、自治体の指定に則り処分できるようにします。動物の排泄物や抜け毛などの汚れは徹底的に片づけてクリーニングします。動物の排泄物は臭いが強いので、完全には消せないこともあるのですが、ある程度は臭いが気にならないレベルまで復旧させることが可能です。

大阪府・Aさん
30代女性・一人暮らし

神奈川県・Hさん
30代女性・一人暮らし

プロに頼むときのポイント

一人だと片づけられなくても、プロが一緒ならできる!?

「立ち会いが難しいので、お任せします」と言われるケースもありますが、お客様が立ち会いを希望なさることもあります。その場合、不思議なことにほとんどの方が私たちと一緒に片づけをしてくれます。その姿を見て「やればできるんだ」「本当は片づけられる方なのだ」とこちらも安心し、「これは捨てますか?」「これはどうしましょう?」とどんどん伺いながら作業を進めていきます（私たちは、依頼者から「不要です」と言われない限り、どんな物でも勝手に片づけることはできません）。

途中で依頼者が悩んだときに「さっきも似たような物がありましたよ」とアドバイスすると「じゃあいらないです」となることもあれば、途中から「もう全部片づけちゃっていいです」とスイッチが入る方もいます。

ゴミ屋敷もモノ屋敷も、一人では片づけられないけれど、複数の人、それも第三者がいれば、片づけは必ず終わるのだと毎回思うのです。

ゴミ屋敷の片づけには、いくらぐらいかかる?

「プロに頼みたいけれど、金額が不安。一般的にいくらくらいかかるのか?」と思う方も多いでしょう。

金額は清掃業者によってバラバラです。

我が社は、軽トラック1台(ワンルーム目安)で運べる量なら1万9800円から、間取りで考える場合は1DKなら5万5000円から、という料金設定をしています。そして、前日までにある程度ゴミの分別を進めておいてもらえたり、当日お手伝いしていただけたりすると、見積料金よりもお値引きします。また、不要品で我が社が買い取れる物は買い取り、その金額もお値引きします。

私たちよりもずっと安い料金設定をしている業者もたくさんあるでしょう。しかし、あまりにも安い料金設定にはそれなりに理由があり、なかには、いわゆる「悪徳業者」と呼ばれるよ

うなところもあります。

次のようなポイントをチェックして、ぜひ良い業者に依頼してください。

良い業者の見極めポイント

- □嫌がらずに見積りを出してくれる
- □追加料金がない、もしくは事前に追加料金に関するきちんとした説明がある
- □片づけたゴミに、適正に対処している（不法投棄などがない）
- □所在地を明らかにしている
- □口コミなどで評判が良い

格安の見積りには裏があるかもしれない

お客様から「他社で見積りをとったら、御社よりもずっと安かった」と指摘されることがあります。なぜ安くできるのか、そこには理由があるかもしれません。

安い業者では、〝見積り〟段階と〝支払い〟段階で、金額が違うことがよくあります。

一番多いのは、追加料金についての説明が事前にないケースです。知らない間に「見積り費用」「車両代」「出張料」「特急料金」「深夜料金」「土日祝日料金」「スタッフ指名料金（女性スタッフ指名など）」が次々と追加され、当初の見積り金額よりも数十万円高くなってしまったという話はよく聞きます。

お住まいのエリア、マンションの階層、エレベーターの有無、駐車場からの距離、作業員の人数などで料金は増減しますが、それを見積りの段階でしっかり説明してもらわないと、実際に支払う段階になってからでは、お客様は困ってしまうでしょう。見積りと実際の請求額に齟齬《そご》がないよう、見積りに必要経費が明瞭に記されているかどうか、しっかりチェックしていただきたいところです。

業者の不法投棄は、依頼者にも責任が課される

あまりにも安い業者は、ゴミの不法投棄をしている可能性があります。

これは実話ですが、都内にある某ハウスクリーニング業者が、１３０キロもあるゴミを、わずか1万５０００円で請け負ったそうです。この業者は回収したゴミを商業施設の駐車場に不法投棄しました。そして後日、持ち主のところに警察から連絡が入りました。なぜ持ち主を特定できたかといえば、ゴミの中に依頼者が幼少期に使っていた記名

入りの鍵盤ハーモニカがあったからです。

不法投棄した清掃業者が罰せられるのはもちろんですが、**依頼者も「排出者責任」で、不法投棄されたゴミの撤去費用を負担させられる可能性がある**ことをご存じでしょうか。

「依頼した業者が不法投棄をしていることなど知らない場合」でも、その可能性があるのです。


私たちは、あくまでもお客様の代行で、ゴミの分別や片づけなどをします。当然ですが、ご依頼くださったお客様にご迷惑がかからないよう、法律を遵守して対処します。

ですから金額面についてもお客様のご希望に添えるように最大限の努力はしますが、不法や違法な行為をしてまで値下げすることはありません。安く済ませたい気持ちはわかりますが、だいたい相場が決まっていますから、値下げにはどうしても限界があるのです。

安すぎる業者には、それなりのリスクがあることをご理解ください。

業者でなく「行政」に頼ってもかまわない

今はなんでもネット検索できる時代です。ただし、たいていの検索エンジンでは、公的サービスではなく、私たちのようなプロの業者が、検索リストの上位に表示されます。
けれども、どうしてもお金をかけたくない場合や、病気やケガなどで片づけができない場合などもあるでしょう。そういう場合には、お住まいの市町村に必ずいる**民生委員**に相談するとか、役所に問い合わせるのも一つの方法です。

そういうところに相談できることを知らない人が多いようですが、**行政は「住民の暮らしのサービス」のプロ**です。ゴミ屋敷のことも相談していいのです。公的サービスに相談するのはまったく恥ずかしいことではありません。むしろ積極的に利用すべきなので、ぜひ市区町村の役所などに問い合わせてみてください。

知人や家族に頼めたとしても、頼むべきではない理由

私個人の意見ですが、家族や知人に片づけや掃除をお願いするのはやめたほうがいいでしょう。理由は2つあります。「ケガや病気の**リスクに対して責任が負えない**」ことと、「片づけてもらったら、『**ありがとう**』**だけでは済まない**」ことです。

簡単な「片づけ」ならまだしも、ゴミ屋敷やモノ屋敷を片づけるのは私たちのようなプロでも数名がかりで数時間かかります。それを素人がやろうと思ったら、何日かかる

かわかりません。また、片づけの最中に、ゴミが原因でケガをするとか、ホコリや虫の死骸などが原因で病気になるリスクもあります。

我が社ではありませんが、十分に身を守れる服装をせずにゴミ屋敷の片づけをした同業者がいました。彼はゴミ山から足をすべらせ、その足が腐った床板を突き破ってズボッと入ってしまった結果、できた切り傷から雑菌が入り、足を切断するに至りました。

脅すつもりはありませんが、さまざまなリスクを考えたときに、ゴミ屋敷もモノ屋敷も汚部屋も、素人が容易に手を出すべきではありません。

何も起こらなかったとしても、「ありがとう」で済まされるレベルでしょうか。数万円払っても見合う話ではないでしょう。相手とこれまでどおりの関係を維持したいなら、安易に頼むより、プロを頼ったほうがいいというのが私の考えです。

私たち清掃業者は、掃除・片づけのプロです。どんなゴミ屋敷でも片づける自信があります。「ゴミ屋敷をなんとかしたい」と考えている方は、心配せずにSOSを発信してほしいと心から願っています。

5章

ゴミ屋敷に リバウンドしないコツ

無事にゴミ屋敷やモノ屋敷から卒業できた方には、
絶対にリバウンドしないように
意識していただきたいと思います。
最終章では、ゴミ屋敷やモノ屋敷から脱却した方のために、
「リバウンドしないために心がけてほしいこと」や
「ちょっとしたコツ」などを、
エールの気持ちを込めてお伝えします。
どうか、頑張ってください。

心がけ 1

とにかく毎日、何かを「捨てる」ことを習慣化

とにかく毎日、何か「捨てる」ことを習慣にしましょう。できれば「家の外」の「ゴミ置き場」に捨ててほしいと思います。

ゴミが大量に出る一方で、ゴミを捨てることが難しい時代です。皆さんが住んでいる地域やアパートやマンションのゴミ集積所にも、捨て方が事細かく定められているはずです。**「何曜日に、何を捨てていいのか」を知るだけでも大きな一歩**になります。

片づけてくれた業者さんなどにもサポートしてもらいながら、今住んでいる所では「いつゴミを捨てられるのか」「分別はどのようになっているのか」などを頭に入れてください。ゴミのカレンダーを取り寄せて、玄関に貼り付けておくのもいいでしょう。そして、なるべくゴミを頻繁に捨てるようにします。

また、コンビニでもらう割り箸やスプーン＆フォークなどは、不要なら「いりません」と一言添えて、**一つでも余計な物は、受け取らないし、持たない**ようにしましょう。財

布の中のレシートやポイントカードも、使うのでなければ自宅に持ち帰らず、可能なら出先で処分します。

とにかく「捨てる習慣」を身につけることはとても大事です。

心がけ 2
窓とカーテンを開け、毎日「換気」する

私は街を歩いていて、窓にピタッとカーテンが張り付いている家を見かけると、室内はゴミ屋敷ではないかと心配になります。ゴミ屋敷に住んでいる人のほとんどが、窓やカーテンを開けることを好まないからです。また、ゴミに圧迫されて、窓やカーテンが開かない家も多いのです。
ゴミ屋敷に住む人は、換気の重要性を知りません。
たとえ一人暮らしの家でも、昼夜逆転した生活でも、換気は必要です。私たちは外に

出れば必ず、目に見えないゴミやウイルスを室内に入れてしまいます。**人が普通に生活しているだけで、空気は汚れる**のです。そればかりか、自分自身から、気づかないうちに臭いや垢やフケなどを出しています。

また、私たちは酸素を吸って二酸化炭素を吐いていますが、閉め切った室内で過ごしていると、1時間もしないうちに二酸化炭素濃度が上がります。

二酸化炭素の濃度（単位はppm）は、一般的に「3000ppmの室内にいると集中力が低下して眠くなる」「4000ppmになると頭痛や倦怠感が生じる」「6000ppmで頭痛やめまいに加えて過呼吸が起こる」「8000ppmで意識レベルが低下する」とされています。室内で安全に過ごせる目安は1000ppm以下とされ、一般住宅なら**30分に1回以上、数分間、窓を全開にして空気を入れ換える**ことが推奨されています。

「家では寝るだけだから」という人こそ、換気は重要です。特に**就寝直後は室内の二酸化炭素濃度が上がり、それが原因で睡眠の質が低下**している可能性があります。眠りが浅い、頻繁に覚醒する、目覚めが悪い、目覚めがだるい、頭痛とともに目が覚める。これらに心当たりがある人は、寝室の扉を閉めずに寝る、ワンルームなら換気扇を回したまま寝る、などで換気をしましょう。

ゴミ屋敷が片づいたら、窓もカーテンも開けられる状態になります。どんなに寒い日でも、雨の日でも、起きたら10分でいいので窓を開けて、部屋の空気を入れ換えてください。部屋にいる時間も、こまめに換気しましょう。天気が良い日ならカーテンも開けて、部屋を日光浴させましょう。

これだけで部屋の空気の汚れが半減します。それによって気持ちも前向きになり、健康度が上がることで、ゴミ屋敷にリバウンドすることを阻止できるはずです。

心がけ 3 同じ物を買わない、買う前に一呼吸おいて考える

若い方の場合、ゴミ山の中から「同じ物」が出てくることがよくあります。特に次ページ下のような日用品が、一つの部屋から大量に出てきます。

つまり、コンビニや100円ショップなどで手軽に買えるけれど、何個もいらないような物が大量に出てくるのです。しかもほとんど使っていない状態で。

このタイプの人はそれなりにお金があるので「これくらいなら買ってもいいか」と気軽に買ってしまうのでしょうが、**買う前に「家にあったのでは」「本当にいる？」「何かで代用できない？」と一呼吸おいて考えて**ほしいと思います。

コレクターを卒業するのも一つ

プラモデルやフィギュア、専門誌、ブランドバッグなどのコレクターもいます。売れば高値がつきそうなものもありますが、手に入れたことに満足して、開封さえしていない状態でゴミに埋もれているケースも多いのです。

ゴミ屋敷から卒業した暁には、本当に必要なのか、本当にほしいのかを考え、同じ物がないかを確認してから買うようにしましょう。

「ためこみ症」なら病院へ

考えずに物を気軽に買うタイプではなく、コレクターでもないのに、物が溜まってしまう人は、もしかすると「ためこみ症」（56ページ）かもしれません。ためこみ症の特

ライター・使っていない携帯電話・充電器・ドライヤー・洗剤・下着・未使用の生理用品・メイク道具・ハンガー・爪切りや毛抜き・アクセサリー・靴下やストッキング・ポーチやバッグ・紙コップ、紙皿、割り箸・ラップ・テープ、ペン、ハサミなどの文具

徴は「多くの人にとって不要で価値のない物を、大量に溜め込み、手放せない」ことです。例えば古雑誌や古新聞、チラシ、郵便物、クリーニングのハンガーやコンビニの割り箸などを捨てずに溜めてしまうようです。

残念ながら、治療法はまだありません。ですが、**認知行動療法などで良くなる**ケースも報告されています。心当たりがある人は、専門家に相談するといいでしょう。

心がけ 4 忙しくしすぎない

ゴミ屋敷になってしまった人に理由を尋ねると、ほとんどの人が「忙しすぎて時間がとれなかった」と話します。

特に夜勤のある不規則な仕事をされている方、出張が多いなどで家にいる時間が極端に短い方などは、ゴミ捨てのタイミングを逃しやすいので、ゴミ屋敷になりやすいのです。次第に家の中に関心が向かなくなり、部屋がどうなっても気にならなくなります。

ある調査*で「性格以外で片づけられなくなった理由」について尋ねたところ、次のようになりました（複数回答）。

＊A-LIFE 株式会社「ゴミ屋敷予備軍に関する調査」

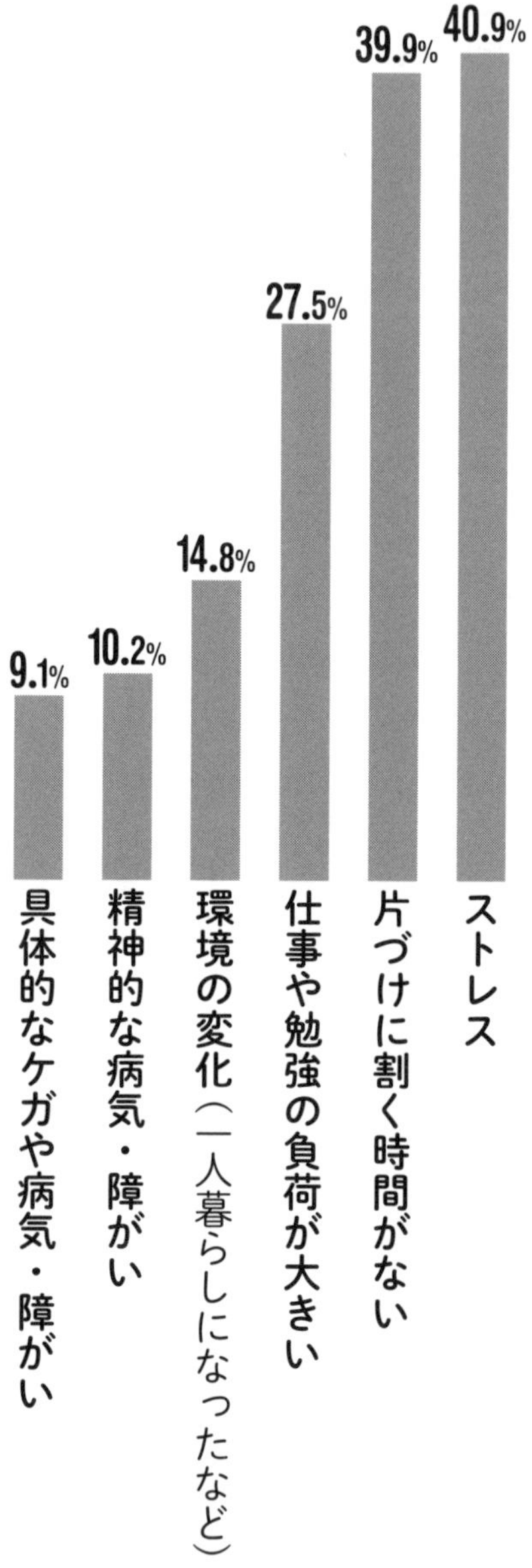

忙しさから抜け出すことは容易ではないかもしれませんが、「ストレスで同じ物を買ってしまう」「買い物で憂さ晴らしをしてしまう」という行為から抜けられないと感じたり、部屋が散らかっても片づけようという気にならなかったりしたら、「疲れているからだ、忙しすぎるのだ」と自覚してほしいと思います。

「時間ができたら掃除をしよう、片づけよう」は禁止

片づけに興味や関心がない人は、片づけを後回しにしがちです。ゲームや買い物などに時間を割くことのほうが優先度は高いのです。

けれども、「今は忙しいから無理だけれど、時間ができたら片づけよう」などという考えは捨てましょう。そんな「時間」は永遠に来ないと思って、次のことを心がけてください。

●ゴミが出たら、その場で捨てる。
●迷ったら捨てる。迷ったら買わない。
●外出のついでにゴミを出す。
●シャワーを使ったら、排水口の髪の毛を捨てる。
●トイレを使ったら、専用シートで便座を拭いて捨てる。
●洗面所を使ったら、手だけでなく、洗面台や鏡もついでに拭く。
●起きたら布団を畳むところまでする。
●玄関にハサミとカッターを置いておき、荷物が届いたらすぐに開封する。

このように、あらゆる行動の中に「ついでに掃除をして片づける仕組み」をセットし、片づけなくてもある程度は綺麗な部屋が維持できるように「仕組み化」することをおすすめします。

心がけ
5 綺麗になった自宅に誰かを招く

人の目があると自制心が働くので、ゴミ屋敷に戻りにくくなります。コロナ禍になってからオンラインでリモート会議をする人も増えていますが、せっかく片づいたのなら「背景機能」は使わず、思い切って自宅を映してみましょう。オンラインでも「さっぱりした家に住んでいますね」「片づいていますね」と言われたら嬉しいはずです。

「宅飲み」などの機会を作り、同僚や友人、親族などを自宅に呼ぶのもおすすめです。そういう人はいない、声をかけるのが面倒、他人を家に入れたくない、という気持ちが強い人ほど、ゴミ屋敷に陥りやすい傾向にあります。信頼できる知人や友人を作りましょう。自宅に呼ぶハードルが高ければ、まずは誰かの家に行ってみることでハードルが下がるかもしれません。

「せっかく自宅が綺麗になったのに、呼べる人が誰もいない」というなら、綺麗になった自宅の写真をSNSにアップするのも一つの手です。オンライン上で室内を公開するだけでも、「部屋を綺麗に保とう」というモチベーションになるはずです。

また、思い切ってゴミ屋敷の「ビフォー・アフター」がわかるようにすれば、同じように悩んでいる人への心強いメッセージになります。

どんな形でもいいので、**人の目を意識し、他者との繋がりを作ろう**としてみてください。ゴミ屋敷にリバウンドしないために大切なことです。

心がけ 6

合理的な片づけ法やクリーニング法を知る

そもそも多くの人が「合理的な片づけのやり方」や「きちんとした清掃方法」を知りません。

水回りは基本的に毎日掃除が必要だし、カーテンやエアコンも定期的に掃除とメンテナンスが必要です。にもかかわらず、そういったことを知らない人が本当に多く、掃除や片づけは「叱られたらやる」「誰かがやってくれる」「ギリギリになったらやればいい」と思っている人が多いのです。

ゴミ屋敷から脱却したら、**合理的な片づけ方法や掃除の方法を学んでみましょう。**ネット検索をすれば、わかりやすい動画も見つけられるでしょう。

心がけ 7

定期的に片づけや掃除をプロに「外注」する

「とても忙しくてできない」という方は、お金はかかりますが、掃除や片づけを定期的に外注するといいでしょう。

月に1回は水回りや部屋の掃除、半年に1回は窓拭き、1年に1回はエアコン、といった具合に、ある程度のサイクルを決めて、清掃業者に依頼してしまうのです。こういう簡単な清掃もネットですぐに検索できますし、地域のシルバー人材センターでも1時間1000円などの価格で掃除を請け負ってくれます。

「仕事の繁忙月は外注し、夏休みは自分でやる」とか、「掃除の時間は一切とれないけれど、半年に1回ハウスクリーニングを入れる」など、**ライフスタイルや金銭的な優先順位に応じて、自分なりの「片づけコスト」や「片づけ予算」**を考えましょう。

心がけ 8

片づけにかかった「費用」を大きく貼っておく

ゴミ屋敷をプロに片づけてもらったら、数万円から数十万円は使ったことでしょう。「掃除なんかにこんな大金を使ってしまった！」と、もったいなく感じたかもしれません。これまでに依頼のあったお客様のなかには、「また数年後にお金が出ていくことがないように、領収書を目につくところに貼っておく」と、戒めにしていた方もいます。

掃除や片づけは基本的に「自分ですること」です。自分ですれば、人件費というお金がかからずに済むのです。誰かにしてもらうのであれば、どんなことでもコストはかかります。それが嫌なら自分でやるしかありません。その**モチベーションを、大きく貼った「領収書」が助けてくれる**かもしれません。

心がけ 9

「ゴミ屋敷注意報」が発令されたらすぐに手を打つ！

ゴミ屋敷に至るまでには、それなりの時間がかかります。ゴミの種類や内容にもよりますが、ゴミ屋敷には〈レベル〉とそこに至るまでのおおよその〈期間〉があります。

レベル1 部屋全体が汚れていて、乱雑な状態（1日〜1カ月）

レベル2 床が埋まり、歩きにくい状態（1〜3カ月）

レベル3 足の踏み場がない状態（3カ月〜半年）

レベル4 悪臭や害虫が著しく発生している状態（半年〜1年）

レベル5 ゴミが床から身長レベル、悪臭や害虫が外にも拡散した状態（1年以上）

本書で紹介してきた事例は、主にレベル4〜5です。レベル3までなら、自力で片づけることは可能で、友人・知人に頼んでもトラブルにならないレベルと考えていいでしょう。つまり、本格的なゴミ屋敷に至らない可能性は十分にあるのです。

レベル1～3の段階で**気をつけることや、できること**を説明します。

レベル**1**のサインを見逃すな

□数週間掃除ができていない
□衣類や雑誌、紙類などが床に散らばっているが、床はかろうじて見える
□水回りが薄汚れている
□ゴミ袋が数個～10個ほど溜まり始めている
□空のペットボトルが何本も転がっている

これは、まだゴミ屋敷ではありません。本気を出せば、1日でゴミ捨てと掃除を完了させられます。

レベル**2**のサインを見逃すな

□最後に掃除をしたのは1カ月以上前

□床に物が散乱していて歩きづらい
□毎日、何かしら物を探している（面倒なので買ってしまう）
□ゴミ袋が数十個は溜まっている
□生ゴミなどの臭いが気になり始めている（時々虫を見かける）

このレベルになると、自力で片づけようと思ったら2日以上かかります。物が増えているので、まず「いる・いらない」の仕分けをしなければなりません。そこに時間がかかりますが、それさえ終われば、なんとか元の部屋に戻すことは可能です。

レベル3のサインを見逃すな

□床はほぼゴミで埋まってしまっている
□生ゴミとそれ以外のゴミが一緒くたになっている
□歩くとゴミを踏むか、ゴミにつまずく
□使っていない家電や壊れた粗大ゴミがある
□虫が棲んでいることや、臭いが発生していることを知っているこの段階になると、自力での片づけが微妙なラインになっています。多くの人が「手のつけようがない」「やり方がわからない」「捨て方がわからない」となるでしょう。

レベル3になったと感じた段階ですぐに本気で片づけるか、誰かにSOSを出してください。レベル3の状態で「まだなんとかなる」と放置し、レベル4、レベル5に進んでしまうと、室内だけでなく心身ともに状況が悪化し、周辺トラブルが起こるリスクがグッと上がります。

レベル3の段階でプロに頼めばそれほどコストはかかりませんが、レベル4になると、片づけだけでなくクリーニングも必要になります（場合によってはレベル3でもクリーニングは必要です）。金銭的にもレベル3で頼むほうが得策です。

いずれにせよ、一度ゴミ屋敷から脱却しても生活は毎日続きます。生きている限り、何かを買い、毎日ゴミは出るものです。**掃除も片づけも一生続きます**。部屋が綺麗になったからといって油断せず、紹介した「心がけ」を実践し、**どんなに忙しくてもレベル1～3の状態で元に戻す**ように意識してほしいと思います。

おわりに

私たちは2013年の2月に開業し、スタート時は便利屋業としてさまざまな事業に取り組んできました。便利屋業のなかで最もやりがいや社会的意義を感じ、依頼も多く、そして終了後にお客様から最も喜ばれた仕事が「ゴミ屋敷」の片づけでした。

「一人暮らしの親の自宅が大変なことになっている」「娘が部屋をまったく片づけていないようだ」「急な引っ越しで退去しなくちゃいけない」「バイクの鍵が見つからず、至急探すために片づけを手伝ってほしい」など、ここ最近メディアでも話題になっているゴミ屋敷やゴミ部屋の相談が非常に多いのです。

ゴミ屋敷は、日本社会の状況から考えても、ますます増えていくと推測しています。だからこそ、そういった方々のためのホットラインとして私たちが存在すべきだと考えて、2016年にゴミ屋敷専門の「ゴミ屋敷バスター七福神」を立ち上げました。

私たちがゴミ屋敷の清掃で重要視しているのは「スピード」と「適切な分別&片づけ」、なにより「対お客様」意識です。

膨大なゴミやモノを瞬時に正確に分別し、自治体のルールに則《のっと》った適切な方法で処理できるようにすることで、作業をできるだけ短時間で終わらせます。スピードは非常に重要なので、2人の作業員で1日かかる現場なら、6人で伺って2時間で終わらせます。短時間で終わらせるほうが、お客様にとってリーズナブルな価格でご提供できるからです。もちろん、早く終わらせるために手を抜くことは一切ありません。早く、でき得る限り最上の状態に片づけ、お部屋を回復させ、お客様に満足いただける状態で引き渡します。

「必要な物」はお客様ごとに異なりますので、私たちが勝手に判断することはなく、一つ一つお客様に確認しながら作業を進めます。最も時間がかかる作業ですが、お客様に寄り添って、「いる・いらない」を分別してもらいます。不要になった物は、お客様の住む自治体のルールに則って処理できるようにします。

鉄屑《くず》も紙屑も、リユース・リサイクルできるものはすべて提携業者に引き取りをお願いします。高額で売れる物や、現金などの貴重品が出てきた場合には、お客様にお伝えし、お客様の利益になるようにお話しもします。

「困っている人のサポートをしたい」

社員一同、この一心で仕事をしています。これが「対お客様」意識です。私たちに問い合わせされるお客様は、みんな困っています。お客様からのLINEや電話は必死のSOSだと思っています。自分ではどうにもならないから依頼をくださる。だから「とにかく力になりたい！」という強い気持ちでスタッフ一同対応しています。

お客様が「まわりにバレたくない」と言えば、制服でなく普段着で駆けつけます。「男性には見られたくない物が多いから、女性スタッフがいい」という依頼であれば、女性スタッフを派遣します。緊急や夜間、早朝など、さまざまなご要望に可能な限り応える努力をしています。

ご依頼くださったお客様から「頼んでよかった」と思っていただけるように、私たちは「ゴミ屋敷になるほどお仕事を頑張られていたのですね」「このタイミングでご相談いただいてよかったです」などとお客様とコミュニケーションをとりながら、お互いがいい気持ちでゴミ屋敷から脱却できるように、どの現場でも全力を尽くしています。

そのような努力の甲斐があり、インターネットの市場調査で「ゴミ屋敷清掃業者スタッフ対応満足度」「相談して良かったハウスクリーニング」「任せて安心感がある遺品整理サービス」ですべて1位という3冠に輝きました（2021年）。特に「スタッフ対応度」についてご満足いただけたのはとても光栄なことです。というのも、私を含めて約20人のスタッフ全員はもともと清掃業ではなく、ホテル業や飲食業、介護職や自衛隊員などのサービス業出身で、その強みを活かすべく、対お客様サービスにとりわけ力を注いでいるからです。

お客様からのSOSであり、勇気である大きな一歩を、決して無駄にしないよう、できる限り短時間でクオリティーの高い片づけとクリーニングで、お客様に**「感涙のサービス」**と感じていただけるよう、これからも真摯に対応していきます。

本書が読者の方にとって、一歩を踏み出すきっかけとなれば幸いです。また本書の制作にあたり、ご協力いただいたすべての方、そして日々私と一緒に汗を流してくれている全スタッフに、この場を借りて御礼を申し上げます。

ゴミ屋敷《やしき》からの脱却《だっきゃく》
勇気《ゆうき》を持《も》って一歩《いっぽ》を踏《ふ》み出《だ》そう

2024年2月21日　初版第1刷

著　者――――――――――――新家喜夫《しんけよしお》
発行者――――――――――――松島一樹
発行所――――――――――――現代書林
〒162-0053 東京都新宿区原町3-61 桂ビル
TEL　代表03(3205)8384
振替00140-7-42905
https://www.gendaishorin.co.jp/

ブックデザイン―――――――藤田ツトム
イラスト――――――――――田中 斉
編集協力――――――――――荒原 文、飯田みか

印刷・製本　(株)シナノパブリッシングプレス
乱丁・落丁本はお取り替えいたします。
定価はカバーに表示してあります。

【読者の皆様へ】　ゴミの出し方や分別方法については、法令の改正等で変更になる場合がありますので、お住まいの自治体にご確認ください。

ISBN978-4-7745-1992-0 C0077